谨此致敬

东京宫书店 · LIBRAIRIE DU PALAIS DE TOKYO
梅尔书店 · MEL BOOKSTORE
比布里书店 · BIBLI

你们曾像星星点亮本书首版（2014）
谢幕之后，也将久久映照我们心头

书店时光

日本X-Knowledge出版社 著　　汪洋 译

南海出版公司

新经典文化股份有限公司
www.readinglife.com
出　品

这个世界上有许多热爱书店的人，也有许多因爱得太深而开始亲自打理书店的人，有人甚至说自己命中注定要开书店。

书店是与各种知识和智慧相遇的场所。对热情的书迷来说，书就是自己的朋友。

如此重要的会面，当然要讲究地点。

如果你居住的城市里有好书店，那你真的好幸运，你与书相遇的时光，将变得美好又珍贵。

从先锋前卫的书店到传统经典的书店，从轻松随性、读者爱逛的书店到庄严肃穆、令人心灵澄净的书店——本书将带你一一巡礼，世界各地的好书店。

英国·伦敦

法国·巴黎

意大利·罗马、米兰、巴萨诺-德尔格拉帕、雷焦艾米利亚

目　录
Contents

荷兰·阿姆斯特丹、马斯特里赫特

比利时·布鲁塞尔

美国·纽约

英国 · 伦敦

- Daunt Books Marylebone
- Henry Sotheran
- Taschen London Store
- Magma
- London Review Bookshop

Daunt Books Marylebone

但特书店・马里波恩大街分店

COUNTIES
WALES
COUNTIES
MAPS
WORLD
EUROPE
SCANDINAVIA
GREECE
M
HOLLAND
BELGIUM
GERMANY
AUSTRIA
SWITZERLA
SPAIN
PORTUGA

Through to Books Arranged by Country
Downstairs ~ Rest of the World
AMERICA AFRICA
ASIA AUSTRALASIA

面积：400m²/ 规模：30,000 册 / 创立：1990 年
类型：旅行、文学、非虚构、摄影、童书
经营形式：综合独立书店，在伦敦设有六家分店

位于马里波恩大街的但特书店堪称伦敦最美的书店。在这里选书，有如踏上了一段美妙的旅行，一边徜徉于书架之间，一边感受大英帝国的古典风貌。

书店设于一九一〇年落成的建筑中，极具爱德华王朝的风情，英伦时有时无的阳光可以从天窗投射进来。作为“伦敦最美的书店”，但特书店的独特个性不止建筑本身。在这里，从旅行指南到食谱、小说，所有种类的书都按国家和地域分类排列。即便你不打算旅行，在看到感兴趣的国家时也会忍不住浏览一下书架上的书名，不失为一种乐趣。

比如，“日本”的书架位于“东南亚”和“澳大利亚”之间，上面整齐地陈列着旅行指南、烹饪读物、游记散文、新旧日本论、非虚构类读物、日语教材和磁带、英文版俳句集、外国作家创作的以日本为背景的小说，以及日本作家的小说。不少客人原本是来买旅行指南的，结果顺带连小说也买下了。

这样打破常规的陈列方式，使得长销书和畅销书得到了不同寻常的展现。另外，书店也着力发掘、引介中小出版社的书籍，以及没有机会摆在显眼位置的旧书。按国别排列之后，常被忽视的书也会崭露新面目，让人不禁想拿起来翻阅。英国的小书店很早就开始采用这种陈列方法，但应用在这种规模较大的书店中，但特书店还是首例。

一楼入口处的收银台附近摆放着新书，按一般原则分为虚构和非虚构两类，而其他书都按照国家和地域划分。新书区的书每隔半年就会经过一次严格分拣，转移到各自所属的国家和地域。一楼靠里的位置陈列着欧洲诸国，走廊里是英国各地，地下是南北美洲、非洲、亚洲和大洋洲。英国本土和英国人常去旅游的意大利、法国的书相对较多，其他地域的书则经过精心挑选，注意搭配平衡。

这家书店的另一个特点是尊重店员。书店提供了远高于行业平均水平的薪酬待遇，招募了一批既有良好学养又有自主意识，同时还具备多年经验的资深店员。店长本人身先士卒，承担周日加班和收银的工作，以激励员工。

与其他独立书店一样，店里的书都按定价出售（旧书除外），但这里独特的选书体验赢得了大量读者，销售额也逐年递增。书店还提供一项颇受欢迎的服务：只要购书金额超过二十英镑，就能获赠环保袋。伦敦的独立书店业内有一项不成文的行规：为了共同生存，避免恶性竞争，必须差异化经营。马里波恩大街上，但特书店附近没有主营诗集的书店，所以今后它将充实自己的诗集区。

店长：布雷特·沃斯滕克罗夫特

我与店主詹姆斯是大学同学。学生时代，我俩相约去中东旅行，出发前打算先读一些相关的书，于是去品类丰富的大书店买书。我们都喜欢书，不只旅行书，小说、传记、历史、建筑等也多有涉猎。为搜寻与目的地相关的图书，我们上上下下走遍了整个卖场，精疲力竭，不禁感慨：如果能有一家按国家和地域分类的书店就好了。于是几年后，但特书店诞生了。

如今的出版业，电子书销售的形势大好，我很担心图书业会步上音乐行业的后尘。书店面临着沦为电商阅览室的危险。近年来，大型实体书店纷纷陷入困境，那是把书当鞋子卖造成的。最糟糕的结果是：什么都卖，什么都卖不好。我们反其道而行，从一开始就不涉足自己力所不逮的领域，比如体育。这也增强了我们书店的特色。

出色的书店是文化之源。而对出色的书店来说，最重要的是出色的员工。我们的店员能在客人想找的书缺货时，凭直觉推荐其他合适的书。很多客人都能幸运地挑中一两本进店前根本没考虑过要买的书。

Brett Wolstencroft

一九六三年出生于英国东南部的萨里，在肯特长大。从剑桥大学毕业后，他本打算当律师，但在一九九〇年书店开张时，受同学詹姆斯·但特邀请担任了店长，与本打算在银行就职的但特开始了“为书癫狂的人生”。布雷特是三个孩子的父亲。

Daunt Books Marylebone
83 Marylebone High Street, London W1U 4QW, UK
Tel: +44 (0)20 7224 2295
http://www.dauntbooks.co.uk
enquiries@dauntbooks.co.uk
周一至周六：9:00－19:30 / 周日：11:00－18:00 / 节假日休息

店员：克里斯汀·布彻

我因为不喜欢记者的工作而决定转行。碰巧当时看到了招聘书店店员的广告，于是从一九九六年开始，我先后在多家大型连锁书店工作，二〇一〇年加入这里。在书店工作的人大多不是自己主动选择这个职业，而是机缘巧合聚在一起的。这应该就是所谓的命运吧。

这里的员工不仅有各自熟悉的领域，还努力学习从烹饪到经济等各种知识。我对政治和科学比较了解，但因为店里没有规定每个店员负责的区域，我们都是通过团队协作来满足客人的需求——与客人交谈，灵活应对，帮助他们选书。尽管也有客人跑来抱怨“你推荐的那本书不好看”，但他们还是会开开心心地再次登门，因为喜欢同我们的店员交流读书体会。

这家店非常尊重“书店店员”这一职业，在当下可谓难能可贵。我们不仅要向客人介绍有哪些刚上市的新书、哪些出版社有名，还要推荐精品书，每天都必须学习。我来这里不到一年，学的东西比过去十四年还多。以前我总是憧憬有朝一日能开一家自己的书店，现在的工作真正让我感觉每天都过得有价值，就算一直在这里干下去也愿意。

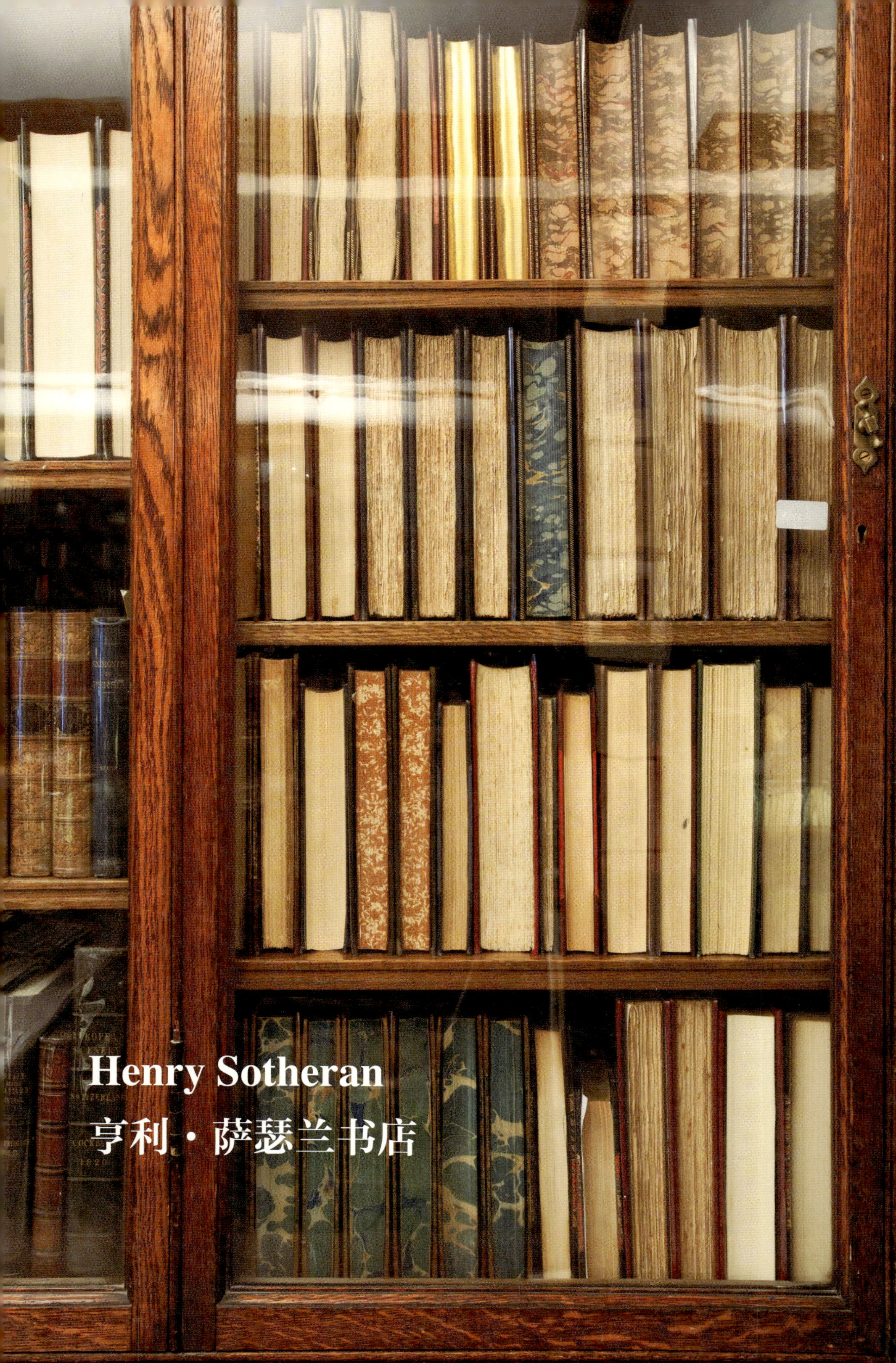
Henry Sotheran
亨利・萨瑟兰书店

亨利·萨瑟兰书店开业至今二百五十余年，是世界上最古老的旧书店。无论过去还是现在，它最引以为豪的就是自己的低门槛——无须按铃，谁都能进。每过一天，它的历史又会新添一页。

这家书店的历史可以追溯到一七六一年，亨利·萨瑟兰和好友在英格兰北部的约克共同创立了托德 & 萨瑟兰书店。一八一五年，亨利的侄子托马斯·萨瑟兰将店址迁至伦敦的皮卡迪利（今址近旁）。一九三六年，书店迁入今天这座爱德华王朝风格的建筑中。搬迁时，也将原先店里维多利亚时代的书架带了过来。不久后这一带就成为伦敦西区的文化中心，汇集了如哈查德书店等众多英国最古老的文化地标。

自创立以来，这家店一直遵循几项不成文的规定。

第一，灵活响应时代的需求。十八世纪，书与红酒同时贩售；有的时代，兼售珠宝。近年来，书店不再局限于传统的当面销售方式，一方面由书店的摄影师拍下书影做成书目开展邮购业务，一方面启动线上销售。二〇一一年，两者的销售额已占总额的三成。

第二，任何人都可以自由入店看书。经营稀有珍本的伦敦旧书店大多实行预约制，或者必须按门铃才能进入，这家店却自由开放，极为难得。

第三，无法适应书店理念的店员，都会自行离开。

好书上架后，负责各领域图书的店员会联系可能感兴趣的客人。英美各大学的研究所和图书馆当然是大客户，不过这家店的绝大部分客户是个人收藏者。他们的收藏五花八门：有人在这里买了上千册书，家里放不下，就把大部分藏书存在店里；有人热衷于搜罗旅行、冒险主题的书；有人专门收集装帧华美的书；有人住在著名建筑师建造的房子里，便专收与这名建筑师有关的书。

不过，英国房产市场的不景气导致收集旧书、充实书房的热心收藏者锐减。近年，大多数收藏者买过一次书后大约五年内都不会再来书店了。

但附近的剧场街和皇家美术学院使得戏剧、电影、艺术界的从业者常来造访这家店，以获取工作上的灵感。游客和伦敦市民也会到这里随便逛逛。这里的书价格不一，以发展和培养新的收藏者。书价最低六英镑，初版的近代小说五十英镑就能入手，即便是学生也能成为藏书家。

书籍的来源，主要是从上门卖书者手中收购，以及在拍卖会上采购。电影导演布莱恩·福布斯曾在店里购买了三千多本关于拿破仑的书。尽管新电影的筹备工作在开始资料收集后就陷入停滞，但据说福布斯对拿破仑的兴趣就此被点燃，才有如此大手笔。像这样有客人大规模购书的时候，书店会特制书目，举办相关主题的讲座和展览。

面积：280m²/ 规模：8600 册 / 创立：1761 年
类型：旧书（文学、建筑、旅行、童书、艺术、自然科学、烹饪、酒类、运动）、版画
经营形式：旧书店 + 目录邮购和线上销售 + 书籍修缮服务

NEW VOLUMES
Incorporating C. A. King & Sons
Fine Art, Law & General Bookbinding
Subsidiary companies of Henry Sotheran Ltd.

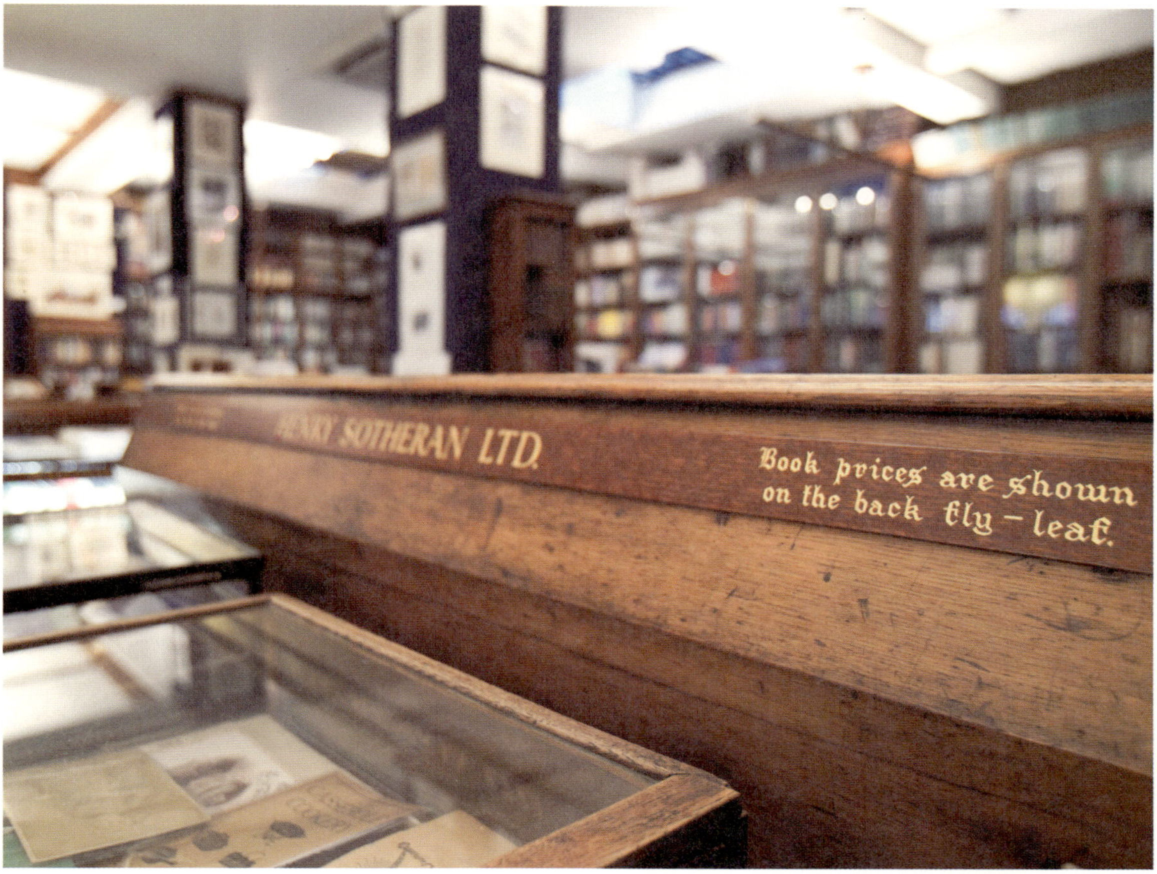
HENRY SOTHERAN LTD.
Book prices are shown on the back fly-leaf.

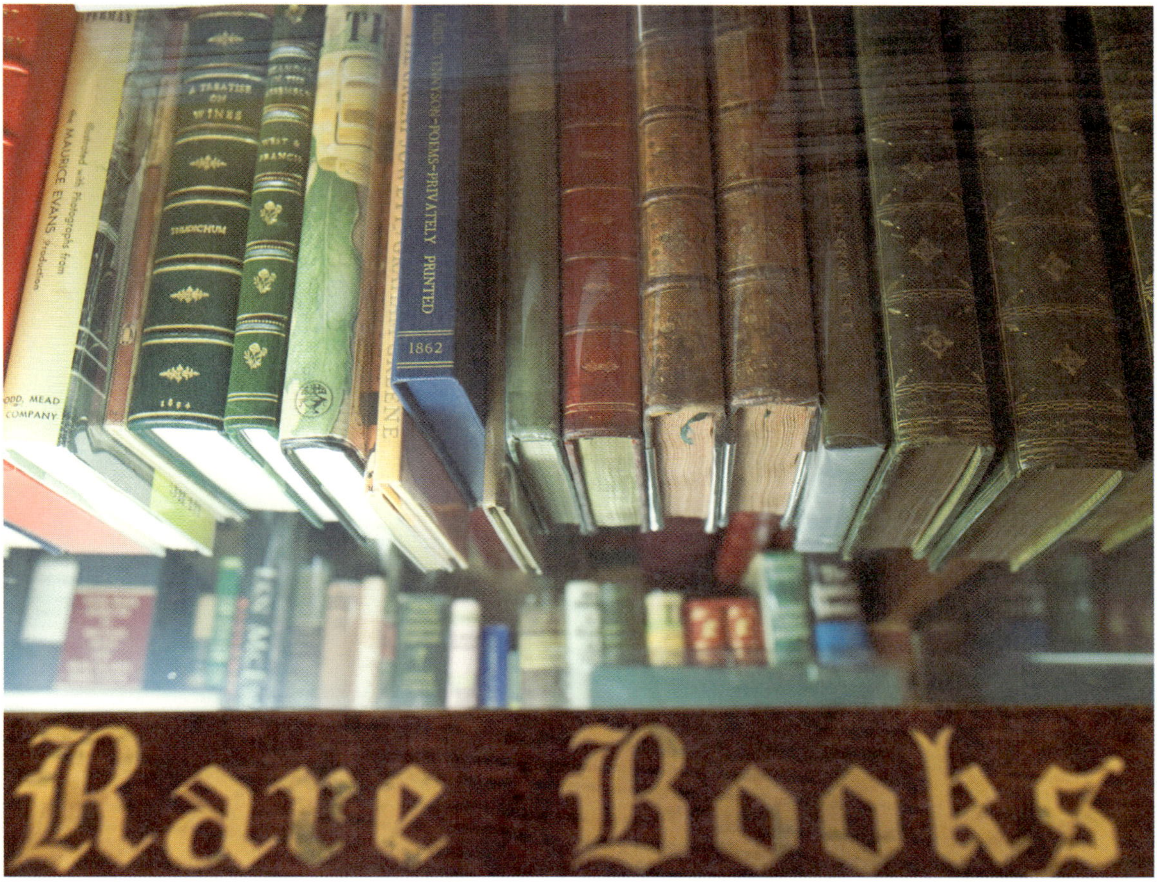
A TREATISE ON WINES
PRIVATELY PRINTED
1862
Rare Books

店员：约翰 · 斯普拉格

每一家书店都与众不同，每一位店员都是与众不同的人。这家店的历史很有趣，我读过三遍店史后发现，它的本质从创立之日起就从未变过。请看，这里简直就是“理想中的书店”：美丽的橱窗、高高的天花板、宽敞的房间、整齐的木书架。想必将来也会有很多人想来看看。

有的客人来书店的原因比较复杂。几天前，一位女士对我说：“有个男人拜托我替他的妻子选礼物。”我说：“还是问问他妻子本人喜欢什么书吧。”对方坦承：“他妻子就是我。”读者中女性居多，而藏书家全都是男性。他们藏书不是为了阅读，而是为了满足狩猎本能。他们的收藏大部分是老版的全集，大多数藏书看不出一丝翻过的痕迹，就像他们钟爱几十年窖龄的红酒一样。

我做的是图书修缮工作。过去在船上做木匠学徒，我的手很巧，可以边观察边学习。客人送来修缮的不仅有罕见的珍本，还有孩童时代读过的绘本。书的价值并不在于价格。即使对那些旨在投资的客人，我也常劝他们：“请买你们喜欢的书吧。”这样就算以后贬值了，也不会伤心。店里也能见到富有的名人，但这些人相当吝啬，正因如此，他们才能积累那么多财富吧。我能做自己喜欢的工作，又能从中获取报酬，感到非常快乐。

John Sprague

一九五四年出生于英国东北部的纽卡斯尔。十八岁从公立学校毕业后，在船上当了三年木匠学徒。考虑转行之时，在职业介绍所看到了亨利 · 萨瑟兰书店招聘店员的广告。根据他的日记，从一九七七年二月二十八日开始，他就在这里工作。现在除了负责文学 / 综合旧书部门的采购与销售，还承担书籍修缮工作。

Henry Sotheran
2 Sackville Street, London W1S 3DP, UK
Tel：+44 (0)20 7439 6151
http://www.sotherans.co.uk
books@sotherans.co.uk
prints@sotherans.co.uk
周一至周五：9:30 – 18:00
周六：10:00 – 16:00/ 周日休息

店员：马克·詹姆斯

我曾在佳士得和苏富比拍卖行工作十多年。当时，亨利·萨瑟兰书店是我的客户。二〇〇七年我跳槽到这里，负责旅行和冒险、科学和医学方面的旧书。拍卖行不做两千英镑以下的图书生意，但书店卖的书范围就大得多，这带给我很多快乐，有些书的价格不高，内容却非常有趣。

客人走进书店的原因五花八门：进来躲雨啦，听说很有名来打卡啦，在网上看到朋友分享啦。任何人都可以进店，无须理由，这对于培养未来的藏书家十分重要。

书籍自古就是记录和传播信息的工具。与别的古董相比，书籍更具深度。一些客人在专业知识方面远超于我。我珍视与他们深入交流的机会，谦虚学习，争取做到看过历史上著名装帧家的作品就能记住其特征。

书本既结实又紧凑，在人类历史上很长时间都是性能最好的信息媒介。如今真正的读书家已经不多，他们会选择去优秀的独立书店购书。在旧书业界，也有仅仅通过网购就淘得珍本的“眼尖”之人。据说一个十七岁的少年，在乡下的旧书店用三英镑买下了他崇拜的 T. S. 艾略特的初版书，再以一万五千英镑的高价售出，拿这笔钱交了大学学费。今后，书业将发展得更加成熟便捷。

Taschen London Store
塔森伦敦书店

塔森伦敦书店是德国塔森出版社的旗舰店，这家出版社专营艺术类出版物。书店无论选址还是装潢都十分考究，凸显了品牌特色。

继巴黎、纽约、洛杉矶之后，塔森出版社在伦敦开设了第四家旗舰店。这家店于二〇〇八年开张，集中经营塔森出版社出品的所有图书。

伦敦店所在的约克公爵广场是新开发区，聚集了高级品牌服装店和欧陆风格的咖啡馆。这里属于伦敦西部的切尔西，从上世纪六十年代，即“摇摆伦敦”时代起，切尔西就是时尚和艺术的中心。

这家书店开业前，塔森出版社曾在科文特花园等地设立临时店铺。最终在这里选定店址，是因为此地毗邻主营当代艺术的萨奇画廊。艺术爱好者造访画廊之后就会顺道来逛书店，此外，住在附近的艺术家和设计师也常来买书。

店内设计由菲利普·斯塔克主持，塔森出版社的所有店面装潢都出自他手。洛杉矶和巴黎的书店设计风格比较夸张，纽约店的主题是“娱乐”，伦敦店则简约明快。

这样做是有现实背景的。之前纽约书店的装修耗时数月，考虑到今后还要开设更多店铺，伦敦书店必须缩短工期。在不牺牲书店必要陈设和装饰品质的条件下尽量简化设计，结果不到一个月就完工了。伦敦书店开创先例后，三年内塔森出版社就在世界各地开了七家书店。二〇一一年夏，第十二家旗舰店在阿姆斯特丹落成。

书店是塔森品牌的“大使馆”。塔森现在愈发重视书店的这一功能。全球经济危机的大环境及电商的强势竞争使实体书店遭受了巨大打击，为了生存下去，塔森必须开创新的经营思路。具体的对策就是，在那些堪称世界艺术、时尚和创意中心的大都市开设书店。

塔森的创始人贝内迪克特·塔森希望人们在看到塔森的书时，第一反应并非“不错的艺术书”，而是“塔森出的书”。塔森零售部主管马修·里克说：“路易威登的手袋不仅是手袋，而且是通过特别的形式陈列展示的商品。同样，书店内部的装潢陈设也是品牌形象的体现，要保证我们的品牌内涵能直接触达终端用户。换言之，必须能吸引路过的行人，提高入店的概率。”另一方面，通过各城市的书店，塔森正以全世界为版图，收集哪本书卖得好及客人的直接反馈等第一手信息，为今后的出版战略做好布局。

面积：159m^2/ 规模：500 种 / 创立：2008 年

类型：艺术、时尚、设计、摄影、建筑

经营形式：德国出版社经营的书店

PLAYBOY
PLAYBOY
PLAYBOY
PLAYBOY
PLAYBOY
PLAYBOY
JEAN NOUVEL
JEAN NOUVEL

TASCHEN
ADMISSION FREE
SAATCHI GALLERY
SAATCHI GALLERY
CCCP
CCCP
PHOTOGRAPHED

Taschen London Store
12 Duke of York Square London SW3 4LY, UK
Tel：+44 (0)20 7881 0795
http://www.taschen.com
store-london@taschen.com
周一至周六：10:00 – 19:00/ 周日：12:00 – 18:00
节假日休息

店员：奥利弗 · 塔弗兰

我出生在法国图卢兹，一九九八年来到英国。母亲是古董商，收集了许多塔森出版的室内装饰类图书。我自己在十多岁时用零花钱买了塔玛拉 · 德 · 蓝碧嘉的书，此后就一直搜购塔森出的书。这家店开业时，我看到招聘广告，觉得自己很合适便来应聘，然后就一直在这儿工作。此前我在同一广场的时装店里卖鞋，但书籍是有情感价值的，是能让人投入身心的商品，我非常喜欢现在的工作。

制作精良、种类繁多，这就是塔森图书的魅力。在这里，你既可以买到售价四英镑九十九便士的美术史系列，也可以买到售价一万英镑的马里奥 · 特斯蒂诺的限量签名版。价格不一，但都好看。用服装打个比方，塔森是将从普里马克到普拉达的各层次商品都集中在了一个店里。

书籍具有超越时间的魅力和价格之外的价值，因此很多客人选书做礼品。塔森特别讲究图书的纸张质量，客人只要来店里翻一翻，就能对好书的质感有切肤的感受。

书店也是店员吸收营养、提升创造力的绝佳环境。我已过三十五岁，人生梦想是做一个画家。在梦想实现前，我选择在这里卖塔森的书。

Magma

马格马书店

作为创意艺术家开设的艺术书店，马格马书店本身就是设计精致的艺术品。频繁变换的杂志与图书的组合，创造出崭新的视觉环境。

马格马书店由艺术杂志《大象》的主编马克·瓦利和艺术家蒙特塞·普拉茨共同创办，这家书店的宗旨是“在较小的空间内，通过明确的指引给人灵感”。首次尝试成功后，他们又在伦敦东部的克拉肯韦尔开了二号店，在曼彻斯特开了三号店。周围的众多老艺术书店纷纷倒闭，唯独这家店屹立不倒。

书店占地不大，店内四周的墙壁上陈列着封面极富冲击力的杂志和图书，简直就像画廊。

店内设计考虑到客人进店的视觉体验，装潢陈设竭力做到让人第一眼就觉得舒服。店员每天考虑的首要问题是，新到的杂志和图书会产生什么样的视觉效果，再谨慎布位，让书店每天都呈现出崭新的样貌。

书店没有将图书杂志按设计、时尚、摄影、建筑等门类区分，在店员看来，“各门类之间都有交叉，没必要刻意分开”。他们优先陈列新到的图书和杂志，旧的杂志和图书则主要通过线上销售。

以前，设计、广告、建筑、摄影界的从业者开始新项目时，会先到艺术书店逛逛，现在基本都上网寻找灵感了。不过，来马格马的客人依然络绎不绝，他们认为“到这儿来总能有新发现”。马格马陈列的商品总在变换，来一趟还是有价值的。从伦敦当地作家自费出版、手工制作的书到世界各地的杂志，都汇聚在这间狭窄的屋子里，这些书大多很难在网上买到。客人询问的商品如果暂时缺货，下次客人来店前，店员就会将它陈列在店头，以充实品种。

除图书和杂志外，店里也售卖平面艺术品。一开始主要是创办人通过朋友圈收集艺术作品，后来，很多艺术家开始带自己的作品到这里来。如果陈列的商品仅限于图书和杂志，客人很可能就只有业内人士和专业学生，将这些艺术品摆放出来，就可以吸引更多的客人。

采购和店员共同负责图书和艺术品的销售工作。虽然图书是二维的而艺术品是三维的，但它们“高品质、令人兴奋、富有个性”的属性是相同的。

店里陈列的商品都是耗费时间和精力慎重挑选出来的。出版社的推销、网络和杂志的介绍、在伦敦市内外各书店做的调查、员工和客人的推荐，选书时，往往需要将它们放在一起综合考量。马格马的店员大多是平面设计领域的工作者，在书店做兼职。让他们参与挑选自己熟悉领域的图书，能提高工作的积极性。

面积：30m²/ 规模：1000 册 / 创立：2000 年

类型：当代视觉艺术（摄影、时尚、电影、设计、当代艺术、建筑等）

经营形式：艺术专业独立书店

glass
TRANOI
i-D
dansk
AnOther
domus
MONITOR #62
Richardson
ANTENNA
FRAME
Twin
ACNE PAPER
MARK
Wallpaper*
ICON
LOVE
i-D
Smagazine
ELEPHANT
IdN
eye
Delayed Gratification
MONOCLE
INDIE
DAZED
TRANOI
GRAFIK
design
MilK
CAN YOU
SEE THE

VICTORY
CHAMP

店长：乔恩·温格雷夫

我们的店员既要在狭小的仓库里上上下下，还要与客人交谈，为他们选书出谋划策。如果不能开心地干这些繁重的工作，就会坚持不下去。他们并不像人们所想的那样，能静静地坐着看一天的书。

店员基本都是兼职。从艺术学校毕业后，他们开启了平面设计师或摄影师的生涯，每周会抽出几天来店里打工。相比之下，作为店长的我是个异类，踏入社会后就一直在书店工作。客人大多是业界专家，能从他们那里学到很多东西，我感到十分幸运。另外，我十分注意营造友好的书店氛围，务必让所有人都能觉得来这儿是一种享受。

我见证了许许多多书店的兴盛和衰败。在我看来，书店能存活下来的条件无非三点：首先，具备其他实体书店和网上书店没有的个性；其次，积极应变以符合时代的需要；最后，提供令人愉悦的购物体验。

一味追求规模的大型实体书店在与电商的竞争中败北，市场份额被逐步蚕食。相反，优秀的独立书店却在顺利经营。对此我感到很欣慰。我最喜欢的书店是伦敦书评书店，因为住得近，午休时我常泡在那儿的历史书堆里。读书虽不是什么特别的爱好，但我真的很喜欢。

Jon Wingrave

一九六三年出生于英国约克郡，利物浦大学古代史专业毕业。曾在多家书店做过店员，担任过伦敦大型艺术书店迪隆斯艺术书店（现已关闭）的店长。二〇〇一年，在两位创始人的邀请下加入马格马书店。

Magma
Flag Ship Store: 29 Shorts Gardens, Covent Garden, London WC2H 9AP, UK
Tel：+44 (0)20 7240 7970
http://www.magmabooks.com
周一至周六：11:00 – 19:00/ 周日：11:00 – 18:00

店员：萨拉·罗斯

我认为卖书这个行当在零售业中相当特殊，书不是生活必需品，价格高低悬殊，功能也五花八门。

二〇〇五年，为了进艺术学校，我从爱丁堡来到伦敦，半年后开始在这里打工。我在爱丁堡的唱片店工作过，马格马的氛围和那里有点类似，与布满灰尘、安静无声的传统书店不太一样。

这里的店员必须了解书的库存状况以及新锐设计师和艺术家们的动态。不少前来咨询的客人并不清楚哪本是好书，因此店员的责任相当重大。我经常碰到艺术学校的一年级学生来这里寻找新课程的参考书，还有来为孩子挑选入学礼物的家长。

另外，客人会来店里搜寻特定的图书，无论他要找的书多么罕见，我们都会竭力从世界的各个角落将它挖掘出来。

我一周来这里上四天班，还做着一份网站设计的兼职。设计师需要整天面对电脑，我更喜欢与之截然不同的书店环境。除我之外，同事里有不少艺术家，两三人一组，一天轮流上班。大家各有擅长的领域，彼此间能产生思想碰撞，这就是在这里工作的魅力。

London Review Bookshop

伦敦书评书店

Abel
London Review Bookshop
14

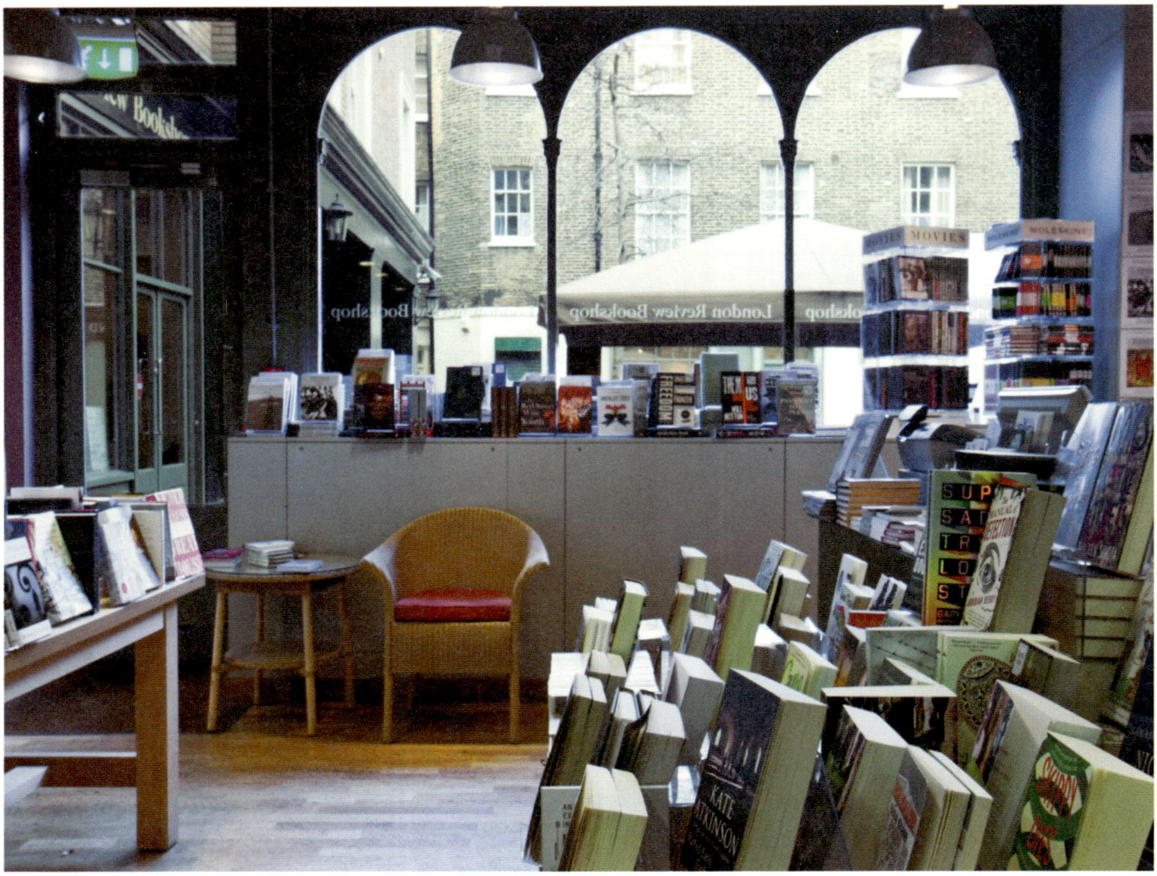

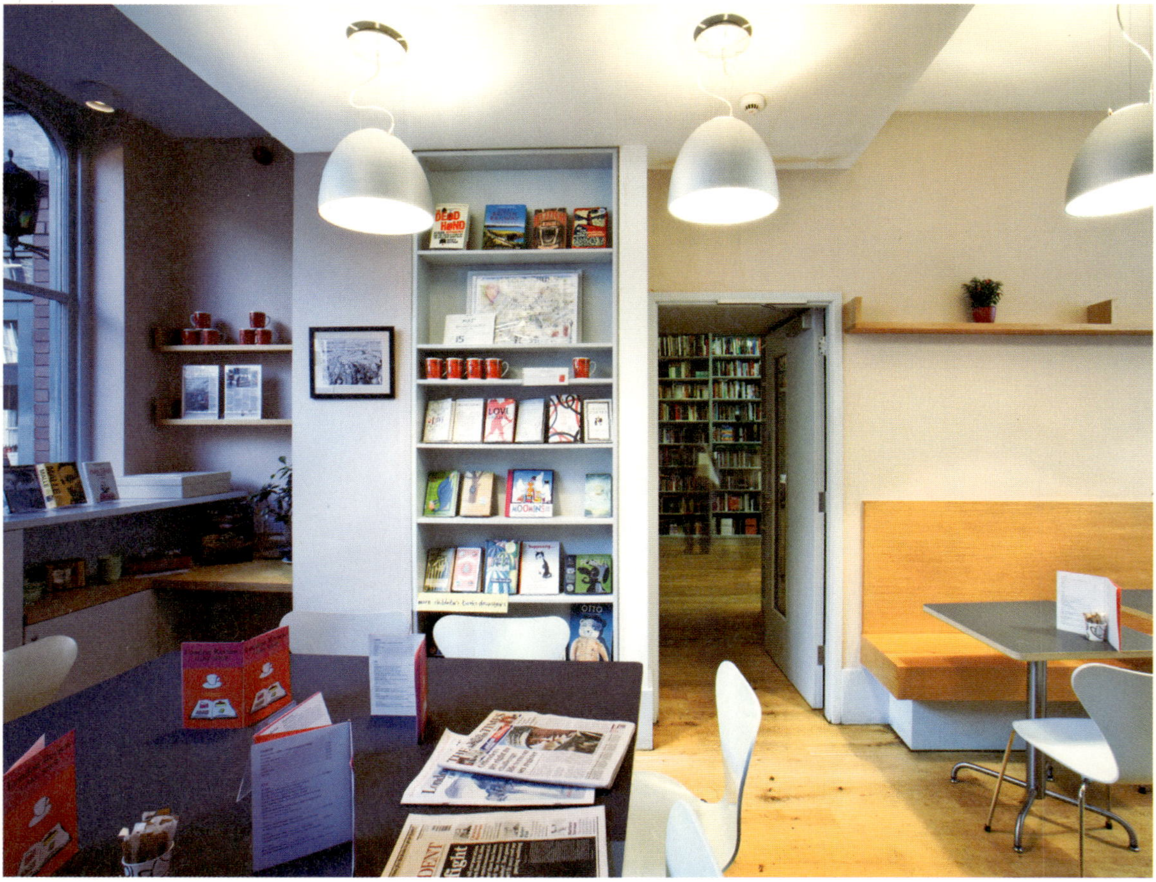

伦敦书评书店由文艺杂志《伦敦书评》经营，位于深受文学爱好者青睐的伦敦布鲁姆斯伯里地区。下雨的日子，你可以在这里一边喝红茶一边读书，享受惬意的英伦时光。

《伦敦书评》是欧洲发行量最大的文艺杂志，创刊于一九七九年，由《纽约书评》派生而来，刊登优秀的书评、散文及艺术和电影评论，投稿者不乏各界研究者和作家，在文艺界有口皆碑。二〇〇三年，《伦敦书评》杂志社创办伦敦书评书店，这家书店的宗旨是：创造一个与读者直接接触的场所。

开店之初，绝大部分客人是《伦敦书评》的定期订阅者，都是看到杂志介绍后来的。不过很快这家书店就口耳相传声名远扬，伦敦大学的研究者和爱书人也纷纷前来，没过多久就在伦敦独立书店中确立了代表性的地位。

如今，这里的核心顾客仍是杂志读者，选书方向也与杂志保持一致。《伦敦书评》不涉及的类型如名人传记和科幻作品，也不会出现在书店里。书店以售卖别处难以找到的图书为特色，不断充实文艺类图书和人文社科类的学术书，还专程从美国采购大量图书。《伦敦书评》在美国也有一大批稳定读者，不少美国人参观大英博物馆时会顺便来书店逛逛。

英国每年的出版物超过十万种，单本书在店内的陈列时间越来越短。过去典型的出版模式是：先出版十八英镑九十九便士的精装书，再出版十二英镑九十九便士的平装书。而现在，越来越多的书一开始就出平装本了。即使评价不错的小说，在店里的陈列时间通常也不会超过六个月。要从这么多书中选出符合自己口味的好书，确实十分困难。

每种书在店里只有一册，以便在有限的空间内陈列更多的书。这样一来，读者就不必在大卖场到处乱转，而可以高效地找到自己想要的那一本。尽管库存只有一册，只要向出版社下单，第二天书就能送到店里。先进的物流系统提高了书店的运转效率。

二〇〇七年，书店增设了“伦敦书评蛋糕店”，客户群随之扩大。越来越多的人选择在这里会面，等待时可以选选书。平时夜里，常有两三位客人在这里组织读书会（入场费六英镑，杂志定期订阅者四英镑）。考虑到“单是朗读会的话会非常无聊”，通常会召集出版过同主题作品的作家一起聊天，或对作家进行专访，活动形式别出心裁。另外，书店每月会有一天营业到深夜，举办“全场九折”活动，进店的客人都能享受到红酒和点心。

这家书店里不播放背景音乐。《伦敦书评》杂志的出版人是位音乐创作人，奉行“尊重音乐和图书”的方针。这份对图书的尊重得到了爱书人的支持，这家店成了他们的精神绿洲。

面积：600m²/ 规模：20,000 册 / 创立：2003 年

类型：文学、哲学、历史、文化批评、政治、传记、艺术、童书

经营形式：杂志发行商经营的书店 + 咖啡馆

店长：约翰 · 克里西

长久以来，英国只有家族经营的传统书店，但到上世纪八十年代，出现了大型连锁书店。通过延长营业时间和为客人提供多样化的服务，连锁书店赢得了新的读者群，在业内迅速成长起来。

二〇〇三年我们书店创立时，业界主流是大型连锁书店，这些书店千篇一律，只把畅销书陈列出来。另一方面，中小书店逐渐消失。《伦敦书评》每期都能收获大量回应，因此书店创始人判断：专售市面上难找的书的书店是能满足潜在需求的。

果然不出所料，之后伦敦的独立书店逐渐复活。如今伦敦各家书店竞争激烈，而我们因为找准了定位，销售额一直不错。我们的店规模有限，只在有限的种类中遴选少量图书，店内图书总量达到两万本，比大型超市的商品还多。尤其是陈列新书的柜台，在那里翻阅十分钟就能掌握最新的出版状况，因此大受好评。

我们店得到了以《伦敦书评》读者为主的大量读者支持，他们希望“这样的书店能持续经营下去”。同一本书，他们不选择在电商而选择来这里购买。为了不辜负读者的期待，我们不会盲目接受大型出版社的推销，而是每天反复研究英美报纸、杂志、网站和博客。不过，不断收集各类好书，可不是一件简单的事。

John Creasey

一九五二年出生在英国剑桥市郊，毕业于曼彻斯特大学文学专业。曾在伦敦查令十字街的布莱克威尔书店任店长八年，在艾特瑟特拉书店任店长十三年。二〇〇三年，伦敦书评书店开业时加入书店，二〇〇八年成为店长。

London Review Bookshop
14 Bury Place, London, WC1A 2JL, UK
Tel：+44 (0)20 7269 9030
http://www.londonreviewbookshop.co.uk
bookshop@lrbbookshop.co.uk
周一至周六：10:00 – 18:30/ 周日：12:00 – 18:00
部分节假日休息

店员：萝拉·索尔

我曾在牛津大学学习拉丁语和古希腊语，寝室里的书堆积如山。我骨子里是个书虫，因此才会选择当书店店员。在出版社工作的话，可能会一连几个月都与一本并非自己挑选的书纠缠，在这里则可以被林林总总的书包围，感觉十分充实。从书店开业到现在，我一直在这里工作。书店平均每天会收到三封简历，能从众多求职者中被选中，我实在很幸运。

我的工作就是从浩如烟海的书里挑出适合客人的那一本，这很像婚姻介绍所的工作。要做到这一点，不能只靠博览群书，敏锐的直觉也很重要，要做到随手翻翻就能知道书的特点。前几天，有客人来询问有没有畅销书作家肯·福莱特的惊悚小说，我说我们这里不卖惊悚小说，但有类似的作品，于是将西蒙·里利克的小说介绍给他，他欣然买下了。

我还负责活动策划。书店是爱书人聚集的地方，生动有趣的活动不可或缺。比如与大英博物馆合办的“文学翻译节”，活动上，两位译者分别翻译同一本书，然后逐行对比，看谁的译文更好。此外，这里还是伦敦诗集最齐全的书店，我觉得许多人都是诗歌的潜在读者，打算接下来举办一些与诗歌有关的活动。

法国·巴黎

- Le Merle Moqueur-Librairie du 104
- Florence Loewy-Books by Artists
- La Belle Hortense
- Librairie des jardins
- Ofr. Paris
- Librairie Jousseaume

Le Merle Moqueur - Librairie du 104

乌鸫书店 104 分店

art des XXe-XXIe | mouvements
écrits sur l'art | par auteurs
art des XXe-XXIe | thèmes
écrits sur l'art | par auteurs
DADA
MEMORABILIA
histoire du mouvement surréaliste
Mondrian et De Stijl
LAND ART ET ART ENVIRONNEMENTAL
MINIMALISME
SUPPORTS SURFACES
L'HOMME EN JEU
Homme perspective
L'ANNONCIATION ITALIENNE
ART, LE PRESENT
L'ÂGE CONTEMPORAIN
RADICANT
CEZANNE
VOCABULAIRE DES ARTS PLASTIQUES DU XXe SIÈCLE
L'IMAGE CORPS
Le Corps dans l'art contemporain
LA BEAUTÉ DU GESTE
ACTION
AUTOBIOGRAPHIE
LA VILLE, VUES D'ARTISTES
MAP ART
performances l'art en action
Installations II l'empire des sens
Le public et ses problèmes
L'image ouverte
Les Écrits du Douanier Rousseau
Faux raccords

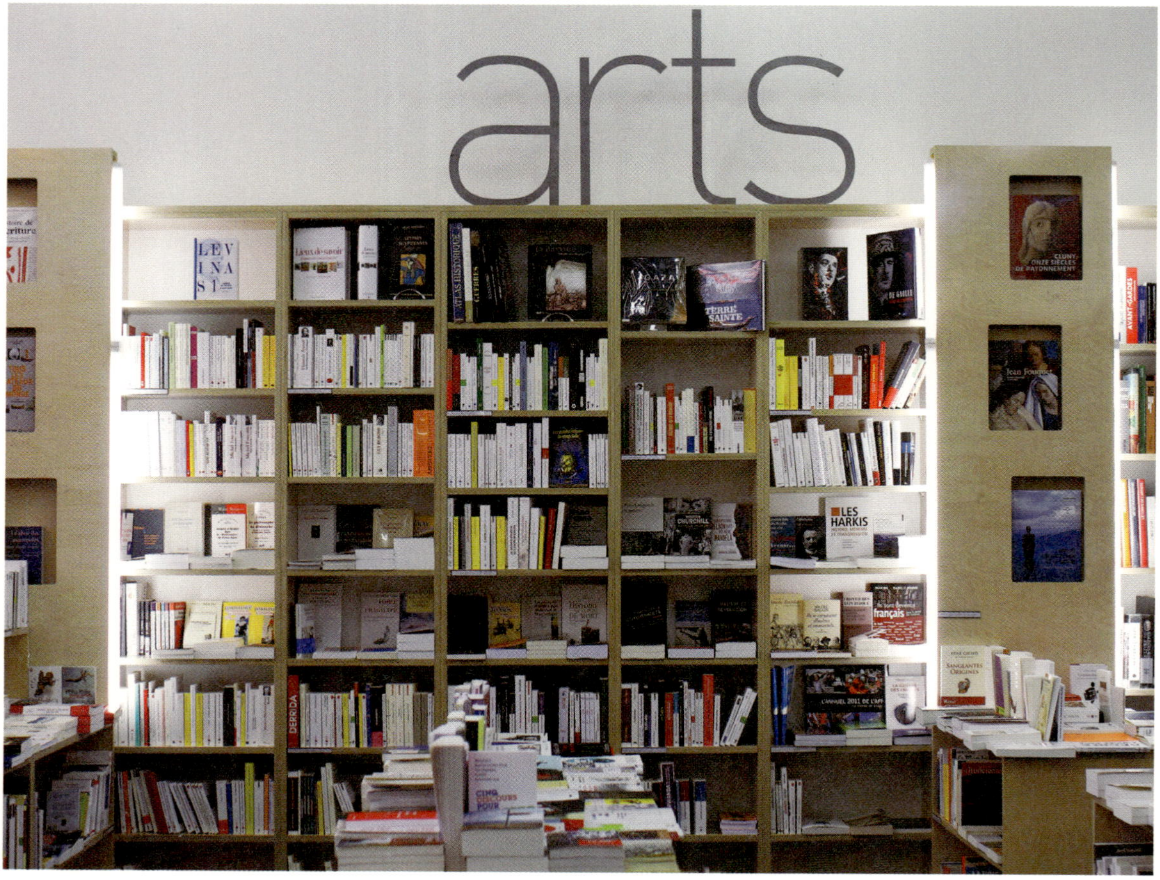
arts
LES HARKIS
DERRIDA
Jean Fouquet

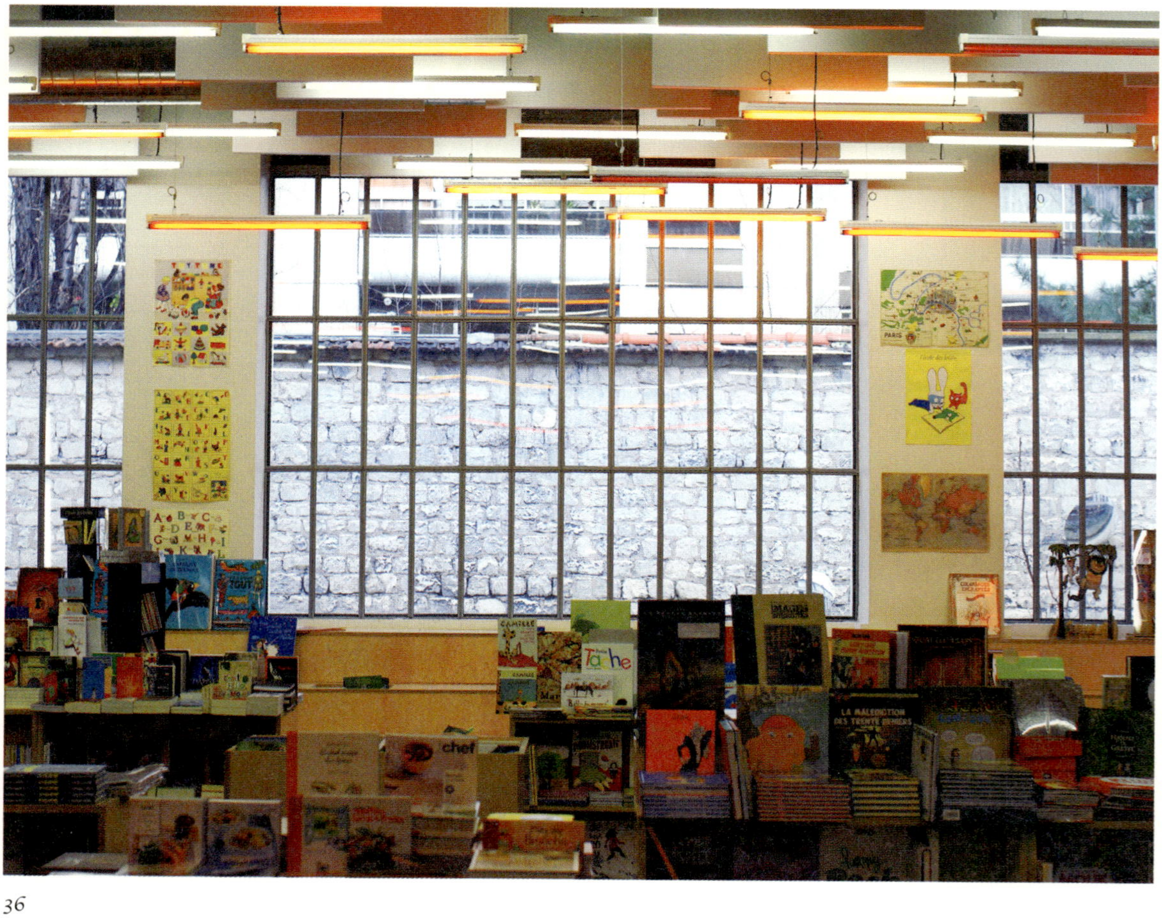
PARIS

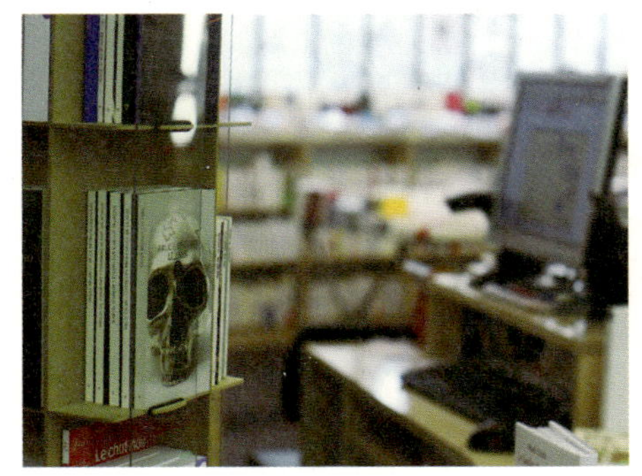

面积：230m²/ 规模：25,000 册 / 创立：2009 年

类型：文学、当代艺术、设计、建筑、摄影、童书

经营形式：综合文化设施内的精品书店 + 活动空间

乌鸫书店是巴黎当代艺术中心“104”的重要组成部分，是一家城市区域书店，当地的大人和孩子都非常喜爱这里。

“104”是巴黎市长主持打造的项目，目的是“在文化氛围稀薄的十九区，为市民打造一个沉浸式文艺空间”。“104”由巴黎市殡仪馆改建，二〇〇九年落成。这座占地三万五千平方米的巨大建筑中，汇聚了剧场、展馆、广场、儿童游乐场、咖啡馆和时装店等多种文娱设施。

落成之后，“104”提供场地，征召合作方开设书店。书店必须配合“104”举办的各种活动，陈列相关图书，做一家与当代艺术中心紧密衔接的城市区域书店。乌鸫书店从众多应征者中脱颖而出。

法语里有一个名词：创造型书店，意思是有文艺气息、催生创造力的书店。近年来，法国许多城市的书店都开始举办作家演讲等活动，书店成为文化交流和信息发布的据点。

位于巴黎市东北边缘的十九区曾是文化沙漠，连一家像样的书店都没有，更别提剧场和美术馆了。这里聚居着移民和贫困家庭，为了吸引平常鲜少接触书籍的人们，“104”的书店被定位为创造型书店。

这家书店与美术馆或剧场里的书店不同。“104”演出戏剧、举办展览和音乐会等活动时，观众会顺道逛逛书店，不过书店的核心顾客还是当地居民。每到周末，很多家庭会在散步途中逛逛书店，那时，店里的婴儿车连成片。

这家书店以艺术、文学和童书三类图书为支柱，选书非常重视封面设计。好看的封面辅以醒目的摆放，就能创造不错的销量。为了吸引小读者，除童书外，书店准备了适合孩子的CD、DVD和玩具，还开设了“日本”“纸”等主题活动教室。老师就是当地的年轻艺术家。通过这些活动，孩子们都爱上了书的世界，养成了良好的阅读习惯。

受“104”和店主比尔坦所托，建筑师弗洛兰·鲁朱蒙先生负责书店的内部装潢。四面墙壁上布满书架，书架之间是垂直的柱子，柱上挂着画框，另设长桌作为书架的延伸。书架和书桌上摆满了书，整个空间布局十分和谐。墙角设有阶梯座位，平常供孩子们读书，举办活动时也方便客人落座。书桌可以移动，举办新书对谈会等活动时可以推到角落里，腾出空间。

四时阳光从高大的窗户射入，店内洁净明亮、光影丰富，令人心情舒畅。客人们都喜欢坐在窗边，徜徉在图书的海洋。

店主兼店长：扬尼克·比尔坦

我本来想当老师，但当老师的朋友劝告我："现实很残酷，还是放弃吧。"我就成了书店老板。一九九九年起，我就在巴黎二十区经营书店。二〇〇七年年末，听说"104"的书店正在招商，我就在一个寒冷的冬夜前往施工现场查看。当时的兴奋至今记忆犹新，一想到可以在全新的阔大空间里开店，我就激动不已，当即决定参与竞争经营权。

只有为客人提供一个与书、与其他爱书人接触的场所，书店才能发挥自身价值，持续经营下去。因此，除了精心挑选图书，我们还会举办各种活动。我们十分重视内部装潢，尽力让客人感到舒适惬意。

附近许多家庭都有孩子，因此，面向儿童的学习教室大受欢迎。尽管许多家长只让孩子参加教室活动并不买书，但你能感受到城市区域书店起到了切实的作用。平时，常有大客人和小客人坐在窗边读半天书就走了。对于这种情况，我都以长远的眼光看待。我觉得，将书店当作图书馆使用也是书店的一种存在形式。还是有人买书的，生意还算有的做。我这一辈子都献给书了，今后，仍将继续倾注自己的热情打造丰富的书店世界。

Yannick Burtin

一九七二年出生在法国东部的上萨瓦省。一九九四年，入职巴黎巴士底的字母树书店。后又在其他书店就职。一九九九年，在巴黎二十区开设乌鸫一号店；二〇〇九年，在"104"开设了二号店。计划在巴黎民族站附近开设三号店。

Le Merle Moqueur-Librairie du 104
104 rue d'Aubervilliers
5 rue Curial-75019 Paris, France
Tel：+33 01 40 38 85 65
http://www.lemerlemoqueur.fr
周二至周五：12:00 – 20:00
周六：11:00 – 20:00
周日：11:00 – 19:00 / 周一休息

店员：斯蒂芬 · 德鲁琼

从这家店开业起我就在这儿工作，负责文学、漫画、童书的选书。法国的出版物非常多，为了选出充满魅力的新书放在店头，必要的研究不可或缺。在店里没空翻书，我就回家研读。这种加班虽说没钱拿，但是非常快乐。

不少来买书的人会报出张冠李戴的书名。如果我根据错误的书名找出了他们想要的书，我就会很满足。

常有孩子独自溜达到店里，坐在一角认真地读书。虽然他们不会买书，我还是会看着他们微笑起来。能为孩子们提供一个沉浸在图书世界的机会，我很开心。

我从小非常喜欢书，先后学习过生物和历史，到了最后，大约在二〇〇一年，成了书店店员。我已经三十二岁，喜欢漫画，希望将来能开一家书店，专营漫画。

不少书店店员一开始觉得找到了憧憬的工作，最后却免不了辞职。在我们的日常工作中，不仅要一遍遍地更替架上的书，还要干搬书这种体力活。但对我来说，只要每天能接触到书就很幸福。在书店工作就是我的天职。

Florence Loewy-Books by Artists

弗洛朗斯·洛伊艺术书店

弗洛朗斯·洛伊艺术书店位于巴黎玛莱区毕加索美术馆附近的一条宁静的大道上。店主的父亲因出售巴黎派画家的书籍而闻名，这家书店一脉相承，继续向人们展示“艺术家之书”的魅力。

店主弗洛朗斯·洛伊女士的父亲亚历山大·洛伊先生曾在巴黎第六区的圣日耳曼塞纳大道经营美术书店兼艺术画廊，那里聚集了大量作家和艺术家，书店主要出售马蒂斯、布拉克、夏加尔、米罗等巴黎派代表画家的版画集和插画书。马蒂斯晚年用剪纸手法创作的插画书《爵士》、夏加尔的版画集《达菲尼与克洛埃》等作品都由亚历山大·洛伊书店出售。

一九八〇年，十八岁的弗洛朗斯开始帮助父亲管理书店，正式涉足艺术书领域。亚历山大·洛伊先生是罗马尼亚移民，自学成才。但弗洛朗斯在工作中认识到“必须进入大学学习”，于是二十一岁进入巴黎第一大学学习美术史，毕业后又前往美国，在纽约专营当代艺术书的“印刷品”书店工作。在那里，弗洛朗斯决定“创立一家属于自己这代人的艺术书店”。一九八九年，弗洛朗斯在巴黎南部的十四区开设书店，新的洛伊书店就此诞生。

书店的镇店之宝是 M. C. 埃舍尔的作品，埃舍尔是世界上最早以书作为表现手段的艺术家。由于客人数量不见增长，二〇〇一年，书店迁到了美术馆集中的玛莱区。

书店主要销售一九六〇年以后发行的、现已绝版的珍本艺术书，以及限量出版的艺术书。艺术家自己制作的书会被拍成书影，在书店画廊的美术展目录上宣传。除了图书，店里内还会展示各种艺术作品。

洛伊书店的书一部分购自艺术家本人，一部分购自拍卖会或藏书家。支撑书店的客人除个人藏家外，还有美术馆、图书馆和美术学校。店内的画廊空间常举办个展，介绍年轻艺术家的新书。

书店致力于从不同角度介绍艺术书的魅力，比如展出克里斯蒂安·波尔坦斯基创作的艺术书。店内最吸引眼球的是由巴黎知名建筑事务所“雅各布+麦克法兰”设计的书架。这家建筑事务所擅长数字建模，设计出有机的、造型独特的家具。据说建筑事务所本打算使用显眼的树脂材料，但弗洛朗斯认为，书店的主角归根到底是“作为艺术作品的书”，为了不影响书籍的展示，她坚持使用天然木材，打造了这套曲线优美、形态别致的书架。

弗洛朗斯·洛伊艺术书店希望今后可以通过多种多样的方法，将艺术书的价值传达给更多的人。

面积：65m²/ 规模：5000 册 / 创立：1989 年（现在的店铺设立于 2001 年）
类型：艺术家制作的书、限量版艺术书、珍本绝版书、旧书等
经营形式：艺术专业独立书店（新书、旧书）+ 艺术画廊

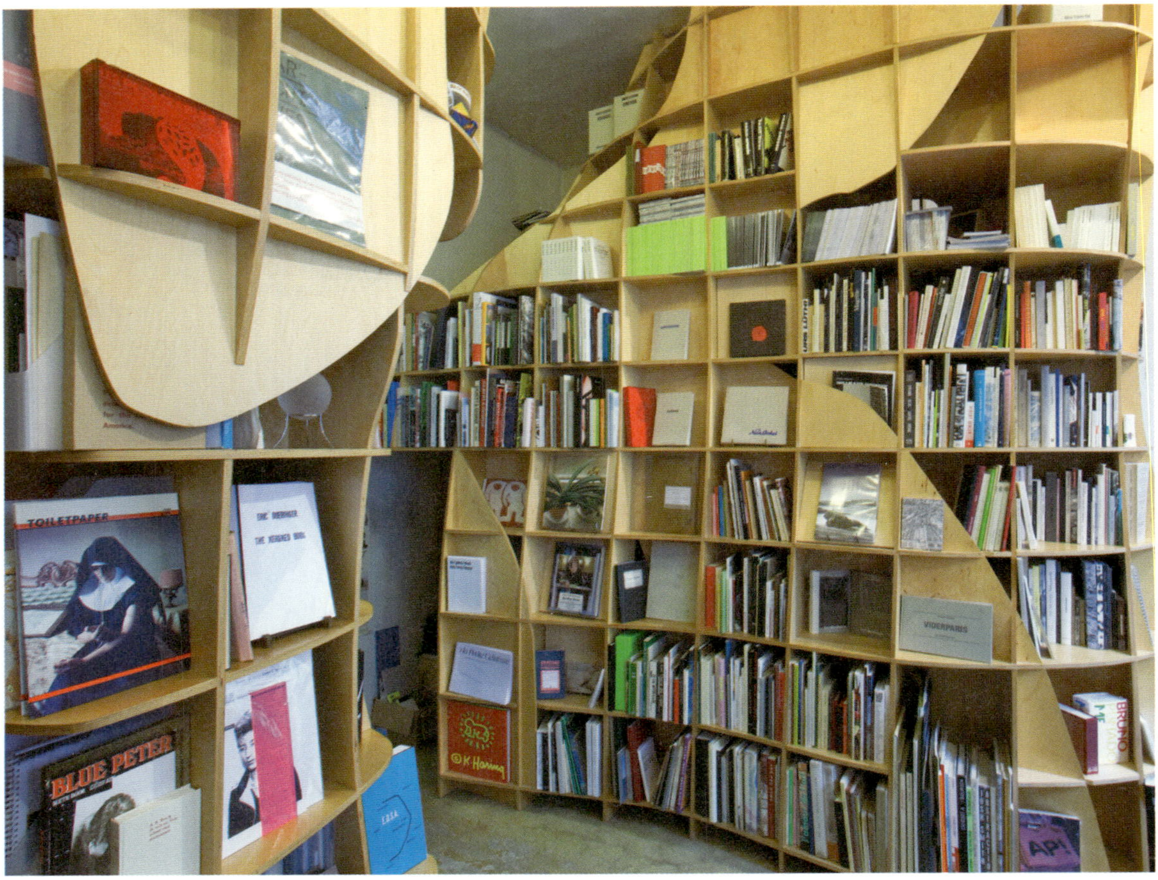
TOILETPAPER
BLUE PETER

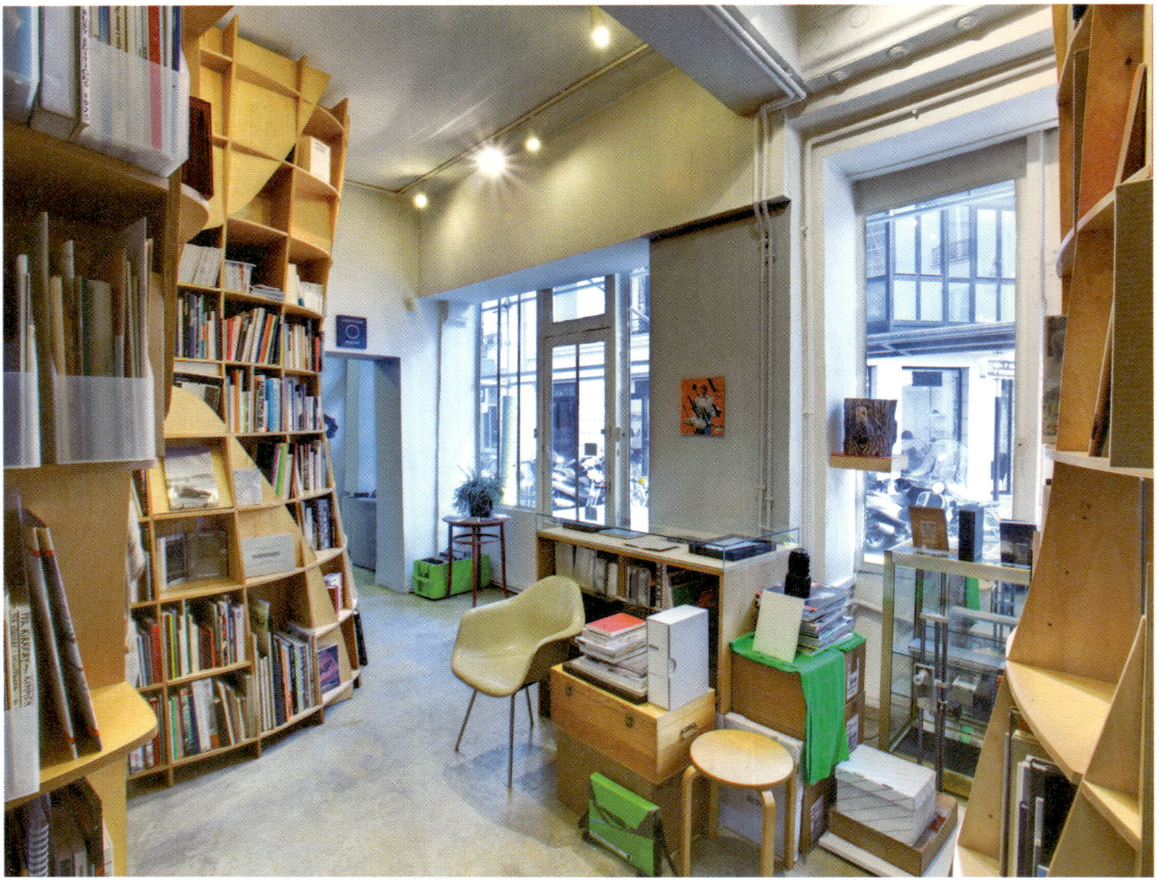

si/yes/oui
no/no/non
Petite Ceinture
K·Haring

POINT
U-NI-TY
VICTOIRE
CHRISTOPH
Hänsli
'Mortadella'
GUEST INFORMANT

Volume
1

店长：弗洛朗斯·洛伊

我从父亲那里领略到了由纸、墨、排版等要素构成的艺术书的魅力，开设了这家书店。

在书架上摆满书当然很好，但对书店来说，这样增加了客人在其中找到具体某一本书的难度。在巴黎国际当代艺术博览会上，我们将书像画一样挂在墙上装饰展出，获得了一致好评，于是我想到了将书架的一部分设置为展窗，展示书的封面。

今后，我们书店要将选书聚焦在高价艺术书上，同时借助展窗展示这些艺术书。这样一来，虽然读者无法直接把书拿到手里，却有不错的视觉效果，还能防止损伤图书。

近年来，越来越多的艺术家会将自己制作的书拿到店里来卖。在父亲那个年代，只有版画书才是一流的艺术书，而现在，艺术家用心创作的书，即便是胶印的也能做出高质感。印刷技术的进步使低成本制作得以实现，这也是对数字时代的一种抗衡吧。

此外，与上世纪七十年代艺术书稀缺的状况不同，如今供给丰富了，藏书家却在减少，艺术书市场正处于过渡期。不过，无论市场如何，只要能在我们书店与热爱艺术的人相遇，我就感到无比幸福，会继续愉快地将书店经营下去。

Florence Loewy

一九六二年出生于法国巴黎。十八岁高中毕业后，开始帮助父亲经营书店。二十一岁时，进入巴黎第一大学学习美术史。一九八六年，远赴美国纽约的书店工作。一九八九年，开设弗洛朗斯·洛伊艺术书店。

Florence Loewy - Books by Artists
9 rue de Thorigny, 75003 Paris, France
Tel：+33 01 44 78 98 45
http://www.florenceloewy.com
info@florenceloewy.com
周二至周六：14:00 – 19:00 / 周日、周一休息

La Belle Hortense

美丽奥尔唐斯书店

Sigmund Freud
JOYCE CAROL OATES
Petite sœur, mon amour
CORRESPONDANCES
PARIS-MOSCOU
Au vrai
ZINC
parisien
PRIX GONCOURT
DES LYCÉENS
VOYAGER AVEC
LAURE ADLER

Spinoza
L'Éthique
folio essais
Sigmund Freud
PETITE BIBLIOTHÈQUE PAYOT
Julia Kristeva
Le génie
féminin

MOUMINE

Petit
Pierre
attend...
FRÉDÉRIC KESSLER
LE JARDINIER
IMPATIENT

PORTRAITS

Julia Kristeva
Le génie
féminin
3. Colette
folio essais

La nuit
visite

面积：40m²/ 规模：3000 册 / 创立：1997 年
类型：古典和当代文学、哲学，烹饪，环境学方面的书与 DVD
经营形式：精品独立书店 + 酒吧 + 画廊

美丽奥尔唐斯书店深具巴黎复古情调。温暖灯光照射下的书架是书店的主角。客人们在吧台边喝红酒边聊天，话题自然就是书了。

美丽奥尔唐斯书店的店主德纳米尔先生在巴黎小有名气。在这家书店附近，他还经营着两家咖啡馆和一家酒吧。这几家店都以个性鲜明著称。

店名中的“奥尔唐斯”是法国女人的名字，由拉丁语“园艺师”一词派生而来。德纳米尔先生希望将这里营造成“具有女性风格的优雅场所”。另外，店名还别具象征意味：“文学、红酒和农业是法国的重要文化，我希望在这里将这三者融合、提升。”

店内装潢由店主亲自设计。上世纪二十年代的古董吧台对面的墙壁上，设有书架和酒架。绝大多数客人为酒吧而来，但也有不少人会离开吧台，去随便翻一翻书。除了最新的文学作品和艺术书，店里还放着亚里士多德的《动物志》这样鲜有人读的古典名著，成为这家书店的一大特色。不少微醺的客人会把这类书买走，书店销售额的百分之十五是卖书所得。

书架的下层塞满了酒瓶。书架一角的儿童区，上层摆放童书、下层就是酒瓶，这样的情景只有在法国才看得到。这里举办过有机蔬菜发放活动，让越来越多的年轻家长开始关注孩子的食品安全。参加活动的人会顺带买些童书。

书店深处有一间小休息室，墙上装饰着以书为主题的雕刻。这是开业之初，德纳米尔先生向他的美国艺术家朋友订制的。休息室兼作画廊，挂着当代艺术家的抽象画。这里也为刚刚入行、缺少发表途径的艺术家提供展示空间。

店里经常举办图书签售会和红酒试品会，这种时候总是人头攒动。玛莱地区的特点决定了店里的常客是艺术、建筑、电影、出版界的从业者，但只要在书店网站注册，任何人都能收到请帖。不少来巴黎旅游的外国人也会参与这些活动。

“美丽奥尔唐斯”的吧台后总有一位女店员优雅地为客人倒酒，回答客人关于书的问题。德纳米尔先生微笑着说：“店员波尤才是真正的美丽奥尔唐斯。她总是举止优雅，而且不知用什么办法把发型弄得特别精致。许多人来这儿都是为了见见她。”

店主兼店长：格扎维埃·德纳米尔

大学时代打工当服务员时，我就琢磨着，“夜里工作结束后，能去书店就好了”。我又很喜欢红酒，最后就开了这家店，给工作到深夜和周末的人提供一个休憩的场所。无论是星期天还是圣诞节，我们书店全年营业，这在法国相当罕见。

读书需要安静的环境，因此我并不希望客人一边喝酒聊天一边读书。这里首先是酒吧。几乎所有客人来这儿都是跟朋友、家人喝酒聊天的。经常有客人聊着聊着便与其他陌生客人或店员搭上话，最后相谈甚欢。客人有时会聊到书，如果在店里放一些别处找不到的书，他们就会在不经意间拿起来看看，从而找到对自己至关重要的那一本。人们之所以常来，也许就是被如此奇妙的际遇吸引吧。

我最大的愿望，是让尽可能多的人不去看电视，而选择读书。这样就不会被媒体洗脑，培养出独立思考的能力。另外，维持生意也很重要，我们书店之所以采取酒吧兼书店的形式，就是为了解决现实的生计问题。

Xavier Denamur

一九六三年出生于法国东北部的香槟－阿登大区。一九七九年来到巴黎，一边在餐厅打工一边完成学业。在巴黎第一大学学习人文地理学，一九八六年取得硕士学位。一九八九年起，开始在玛莱地区经营多家咖啡馆和酒吧。制作了一部纪录片，倡导人们改变饮食意识，二〇一一年，该片在法国公开上映。

La Belle Hortense
31 rue Vieille du Temple, 75004 Paris, France
Tel：+33 01 48 04 71 60
http://www.cafeine.com
周一至周日：17:00 – 次日 2:00

店员：弗吉妮·波尤

从二〇一〇年开始，我每周在这里工作两天。我的主业是女士内衣和帽子设计师。为了抚养儿子寻找兼职时，通过朋友介绍认识了德纳米尔先生，我觉得他是一个值得信赖的人，于是开始进入书店工作。

实木家具和温暖的灯光营造出怀旧的气氛，这样的工作环境再好不过了。玛莱区汇聚了大量艺术家和创意人士，各色人等都会到店里坐坐。我喜欢这种大杂烩的环境。客人们一边喝着酒一边聊和书有关的话题，我就在吧台后面倾听他们的对话。

也许是这里不同于传统酒吧的优雅气氛，加上店员都是女性，我们书店赢得了女性顾客的青睐。她们或孤身一人，或三五成群地来到店里，静静地喝酒读书，不受男人的打扰。客人中不乏漂亮优雅的女人，我默默地观察她们，从中获得灵感，设计工作受益良多。

我没有接受过书店店员的正式培训，但我很喜欢文字。店里很多客人都博览群书，我能从他们身上学到很多东西。傍晚的早些时候，店里还没有来客人，我就会翻看书架上的新书，暗自享受阅读的快乐，有时偷偷夹入书签，打算下次接着读。

Librairie des jardins

杜乐丽花园书店

杜乐丽花园书店位于巴黎最富历史气息的杜乐丽花园一角，是庭园中的“庭园书店”，迎接着世界各地的园艺家和园艺爱好者。

杜乐丽花园是巴黎市内最大的公园，位于巴黎市中心的塞纳河右岸，从协和广场一直延伸到卢浮宫。十七世纪，杜乐丽花园作为宫殿的庭园开始筹建，由路易十四的御用造园家、因设计凡尔赛花园而声名显赫的安德鲁·勒诺特设计，是典型的法式庭园。杜乐丽花园里，喷泉和散步道井井有条地排列。建成后不久，花园就对民众开放。十八世纪，这里成了巴黎市民的休闲场所，咖啡馆和售货亭鳞次栉比。

在巴黎最古老的公园里开一家专营庭园图书的书店，是杜乐丽花园的管理部门法国国有建筑中心的决定。在法国文化部的监督下，这个中心担负着保护、修复、运营法国历史建筑的职责。上世纪九十年代，法国掀起了园艺热潮，国有建筑中心认为应该开一家书店，专门介绍法国特有的庭园。

书店设立在十七世纪的历史建筑中，那里原是杜乐丽宫殿城墙上的一间门卫室。室内设计师菲利普·波义塞利尔保留建筑原有的石壁和天花板，地上铺以花岗岩，家具则用与公园栅栏类似的铸铁打造，让这里看上去就像庭园散步道的延伸空间。

书店开张时并未引起公众注意，来花园散步的人们偶然发现书店后便口口相传，书店这才声名渐起，频频出现在园艺杂志上。

从介绍花卉、家庭菜园的实用绘本到其他书店难得一见的专业著作，园艺方面的书，这儿无所不包。店里还有许多独特的园艺商品，比如指导人们根据月相修剪植物的园艺日历等，备受园艺专业人士喜爱。店里的老主顾多是园艺爱好者，他们有的住在公寓里，却十分憧憬庭园生活。每行必来造访的外国客人也不少，甚至有位澳大利亚的客人每三四年就来一次，称这里是“要定期朝拜的圣地”。据说，德国柏林一家书店的店主在巴黎度假时经过杜乐丽花园书店，购买了大量图书后，在自己的书店开辟了庭园图书专区。

这家店渐渐变成“交流庭园话题的聚会场所”。店内经常举办作家演讲会和签售会，促进作者与读者的交流。关于庭园的话题无穷无尽，“庭园书店”就像园艺爱好者俱乐部，如今依然热闹非凡。

面积：90m^2/ 规模：4500 册 / 创立：1996 年

类型：园艺、庭园、植物方面的实用书，摄影，文学，绘本

经营形式：国营庭园专业书店

THE
VEGETABLE
GARDEN
Jardins et paysages
de l'Antiquité
Jardins

GILLES
CLÉMENT
Jardinier

JARDINIER

KYOTO

Buffon
HISTOIRE NATURELLE DES
OISEAUX

Librairie des jardins
ouvert tous les jours
fax 01 42 60 02 21

Le Carnet
des Tendances
du Jardin
Le béton
& le bourgeon

rspective n'est autre chose qu'un miroir permettant de nous apprendre à représenter avec science et raison
ses telles qu'elles apparaissent à l'oeil.»
BARBAPAPA
À LA RECHERCHE DU MOINE AU PERDU
Écho et Narcisse

JARDINS
Le Cidre
POTINS de LÉGUMES
Le potager en carrés
nouveau potager
Arbres

店长：弗朗索瓦丝·西蒙

我父亲热爱园艺，受他影响，我自幼喜欢莳花弄草。现在我在巴黎郊外有一个园子，在专业园艺师的帮助下，我自己亲手修整园子，乐在其中。

我一直很爱读书，学习经济管理时就对书店经营兴趣浓厚。当时为了撰写研究报告，我对巴黎的七十家书店进行调查分析，设计了一个“在十五区开设日本主题书店”的方案。现在，我们店里也出售俳句书。日本文化崇尚亲近自然，与法国对庭园的热爱有相通之处。

我希望尽可能多的人能通过庭园这一主题与书籍亲密接触。守护书籍的未来，正是书店的职责。我认为，不读纸质书的人也不会读电子书。

创办这家书店之前，我每三四年就换一次工作。一九九六年开始这份工作后，至今我都没感到厌倦。现在我和杜乐丽花园的园艺师成了朋友，与从事庭园工作的摄影师、作家、编辑等客人的关系也不错。这些庭园专家愿意信任我，我曾向编辑提议出版庭园设计图集，最后变成了现实。我珍视这份人与人之间的交往，希望书店能继续经营下去。

Françoise Simon

一九五四年生于法国东北部的吕内维尔。学习经济管理后，一九八四年在阿尔萨斯创办书店。一九九二年开设鲁昂美术馆书店。一九九六年开设杜乐丽花园书店。从二〇〇五年开始，这家店由卢浮宫博物馆运营，她以卢浮宫博物馆职员的身份担任店长。

Librairie des jardins
Grille d'Honneur du Jardin des Tuileries, place de la Concorde,75001 Paris, France
Tel：+33 01 42 60 61 61
周一至周日：10:00 – 19:00/ 部分节假日休息

店员：塞米尔 · 吉夏尔

这家店归卢浮宫博物馆所有，我们从属法国文化部，这里的员工都具备庭园方面的专业知识。庭园是法国文化的一部分，我们的工作就是将这一点传达给公众。

大学期间我学的是植物学和庭园史，二〇〇一年接受培训后，我开始在店里工作。庭园专业书店只此一家，我能在这里工作，实在是很幸运。

工作中最让人开心的是与客人的交流。有的客人专程从大老远赶来，有的则是偶然经过的外国游客。来杜乐丽花园散步的人往往会不经意间走进书店，他们和我一样喜欢庭园和植物，彼此可以深入交流。偶尔还能碰到爱好日本或巴西园艺的客人，和他们聊天的感觉太美妙了。

客人因为各种各样的原因走进店里。有人来寻找特定主题的书，比如关于某种花的；还有人是来随便逛逛，看能不能碰到自己感兴趣的书。我们书店的专业性很强，为了帮客人找到他们需要的书，我们平时得勤加学习。不过我原本就喜欢关于植物的书，并不觉得为工作读书很辛苦。

Ofr. Paris

巴黎 Ofr. 书店

galerie
Au fond du couloir
ROSE, C'EST PARIS
BETTINA RHEIMS ET SERGE BRAMLY
JEAN PROUVE
LE CORBUSIER
LE CORBUSIER
UNE PETITE MAISON
Le Corbusier
TYPE FACE
The Day of the Peacock
TAKE IVY
CLIP STAMP FOLD
ZINE SOUP
cutting edges
RIO DE JANEIRO TESTINO
TASCHEN

SHIGERU BAN
WOOD
HOUSES
BERLIN
PARIS
TOKYO
LE CORBUSIER
CLIP STAMP FOLD

面积：120m²/ 规模：3000 册 / 创立：1998 年（书店）
类型：艺术、设计、建筑、摄影、时尚
经营形式：杂志经销公司兼出版社经营的精品书店 + 多用途画廊

巴黎 Ofr. 书店的店主喜欢将书和杂志随意地摆在店里，却总能摆出高雅别致之感。当地艺术家和访客与书店共同成长，展现出巴黎的崭新魅力。

开店时间过了十分钟，店主蒂默雷勒先生才骑着心爱的自行车晃晃悠悠地过来，然后锁也不上径直将车靠在门口。这辆自行车已经成为这家书店的标志。

Ofr 是“Open, free, ready”的首字母缩写，意为“开放、自由、活跃”，以此为理念，蒂默雷勒先生于一九九六年创立了杂志经销公司兼出版社。

巴黎的北玛莱区有许多画廊和时装店，在这个地区很容易淘到稀有杂志，蒂默雷勒先生便将公司的仓库设在这里。后来，来访者越来越多，一九九八年，仓库被改成了书店。

Ofr. 店里的书和杂志都是蒂默雷勒先生凭敏锐的眼力挑选出来的。选择的标准是：漂亮、个性、朴实、用心、自然、价格实惠。虽然有的书卖不出去，这一标准却从未变过。蒂默雷勒先生的目标是打造一家“人文主义的书店”，他希望书店可以向客人传达“热爱人生，充满好奇，情感细腻，崇尚浪漫，趣味高尚”的理念。如今，持这一理念来店的客人络绎不绝。常客大多是附近的住户，书店经杂志报道后声名鹊起，世界各地都有人慕名前来。

截至二〇一一年，Ofr. 出版了一百多本书，常年有四百种杂志在售。书店里常举办展示会，介绍有名或无名的作品，既有仅售一欧元的美术明信片，也有高达两万欧元的艺术品。通过这些展示，书店已向读者介绍了三百多位艺术家。

与过去的仓库相比，书店的内部装潢基本没有变化。曾经展出的画作和照片还留在原位，收银台后面贴着客人的快照，各种元素有机地结合，记录下书店的历史。

蒂默雷勒先生打算在书店前设置遮阳座，与泰国的朋友共同经营咖啡馆。他计划白天在画廊里提供泰式按摩，晚上开设阿师汤加瑜伽和阿根廷探戈讲座。此外，他还在克里特岛的别墅里定期举办研修班，教授游泳、竞走、瑜伽、音乐等课程，参与者可以在别墅里过夜。

向人们普及重要的知识，令生活和社会更美好。基于这样的信念，蒂默雷勒先生坚持售卖好书，举办丰富多彩的活动。

Ofr. 已经在伦敦、柏林等地开过一百八十家分店，这些店开了又关，关了又开。一旦发觉营业状况不如预期，蒂默雷勒先生就会立刻关闭书店。最近，Ofr. 在深圳开了分店。

HUGE
BODIO
Wallpaper*

Ofr. Paris
20, rue Dupetit-Thouars, 75003 Paris, France
Tel：+33 01 42 45 72 88
周一至周六 10:00 – 20:00/ 周日：14:00 – 19:00

Alexandre Thumerelle
一九七一年出生于法国西部的翁热，在巴黎郊外的克利希丛林和凡尔赛长大，假期则在翁热的大自然怀抱中度过。十二岁开始做生意，从面包店买来只有在星期天早上才烤的羊角面包和巧克力面包，再卖给附近的居民。曾担任电影制片人，后来与妹妹玛丽一起开设了 Ofr.。

共同店主兼店长：亚历山大 · 蒂默雷勒

我们店的基本信条是自由。因为无所禁忌，店里气氛有些感性。

我在信奉自由主义的家庭中长大，十二岁起就被看作大人，独自搭便车旅行，也自己做过生意。后来进入电影学校，二十岁起致力于拍摄独立电影。然而，耗时三年拍成的电影，在电影节上放映时只被极少数人看到，我不禁对自己的努力方向产生了怀疑。这时，我读到了以巴黎、文化、艺术、自由为主题的周报《假象》（共六期，现已停刊），受其启发，决定开办杂志经销公司，以更直接的方式将信息传递给更多的人。杂志让我受益良多，比如锻炼了我思维的敏捷性，让我学会了温和地接受陌生的人和事。我想与更多的人分享杂志的乐趣，于是创立了 Ofr.。

我只想将自己喜欢的世界展现给大家，并不打算与其他书店竞争。去一家好书店选购图书和杂志，与独自对着电脑屏幕是两种截然不同的体验。我觉得，逛书店为享受人生提供了另一种选择。经营书店和做其他生意没有什么不同，最重要的是，满怀诚意地销售精心制作的商品。

Librairie Jousseaume

茹索姆书店

GÉRARD DALMAZ
DE GAULLE À LA UNE
PAROLES DE L'OMBRE
PHOTO ICONS
MARCIA DAVENPORT
PHILIPPE DJIAN
Hitler chef de guerre
1. les conquêtes 1939-1942
Les Indes noires
Un château en Bavière
ROBERT LUDLUM
L'agenda Icare
LE SAINT
devient nourrice sèche
SÉRIE NOIRE
LARRY PRYOR
...Et tournent les chevaux de feu
PERRY RHODAN
K.H. SCHEER C. DARLTON
A L'ASSAUT D'ANDROMEDE
SAMUEL FULLER
LA GRANDE MÊLÉE

Arthur Conte

Achat - Vente
01 42 96 06 24
du lundi au samedi

UN LIVRE

面积：70m²/ 规模：20,000 册 / 创立：1826 年
类型：旧书、珍本绝版书
经营形式：独立旧书店 + 线上销售

茹索姆书店是家老字号旧书店，位于巴黎最美的拱廊街上。作为巴黎右岸的文化支柱，它见证了时代的变迁。

十九世纪，巴黎市内修建了很多拱廊街，那是以铸铁和玻璃建造的近代建筑。薇薇安拱廊街至今保持着当时的模样，被誉为“巴黎最美的拱廊街”。街上店铺鳞次栉比，鲜活地保留着十九世纪巴黎的样貌，吸引了大量外国游客。

茹索姆书店位于 L 形拱廊街的拐角上。正如其位置所暗示，它是整条拱廊街的中心。一百九十多年的历史使书店充满厚重感，也为拱廊街带来了声誉。它是一家旧书店，却纤尘不染，美得就像一幅画，很多电影剧组都来这里取过景。

书店创立于一八二六年，那时薇薇安拱廊街刚建成不久。当初是谁出于何种原因创立的，如今已无从知晓。一八九〇年，弗朗索瓦·茹索姆先生的曾祖父买下了书店，后传给其子，再由他继承了下来。

现在弗朗索瓦先生亲自打理书店，每天上午十一点整，他会将装着平价书的箱子和摆着美术明信片的架子放在店头。弗朗索瓦先生就像日本旧书店的老板一样朴实寡言，但即便游客只买一张明信片，他也会用流利的英语笑呵呵地接待。

十九世纪的书店多经营绝版的旧书和新上市的书。直到今天，茹索姆书店还保持着这种经营类型，书店的内外装潢几乎没有变化，就连书的陈列方式也不曾改变。

店里卖的主要是文学书、艺术书，以及关于巴黎的书。为了满足客人繁多的需求，书店没有局限于某一类型。读书人的爱好经常变化，准确地把握流行的作家和主题非常重要。弗朗索瓦先生常年在店里和客人们聊天，自然知道哪些书好卖。

弗朗索瓦先生十分钟爱老平装本和插图本，把它们放在橱窗醒目的位置重点展示。店里不按所属系列或开本大小分类图书，没有“常年卖不掉的存货”。每一本书都有自己的生命，弗朗索瓦先生根据从老一辈那里继承来的经验，为每一本书找到各自所属的位置，小心翼翼地对待。店里的图书从平装本到适合做礼物的豪华本不一而足。弗朗索瓦先生已将所有图书信息录入数据库，积极开展线上销售业务。二〇一一年，收入目录的图书已有四万四千多种，其中现货有两万多种。

正是弗朗索瓦先生对书和书店的热爱，才让管理运行得十分顺畅，支撑起这家洋溢着巴黎风情的旧书店。

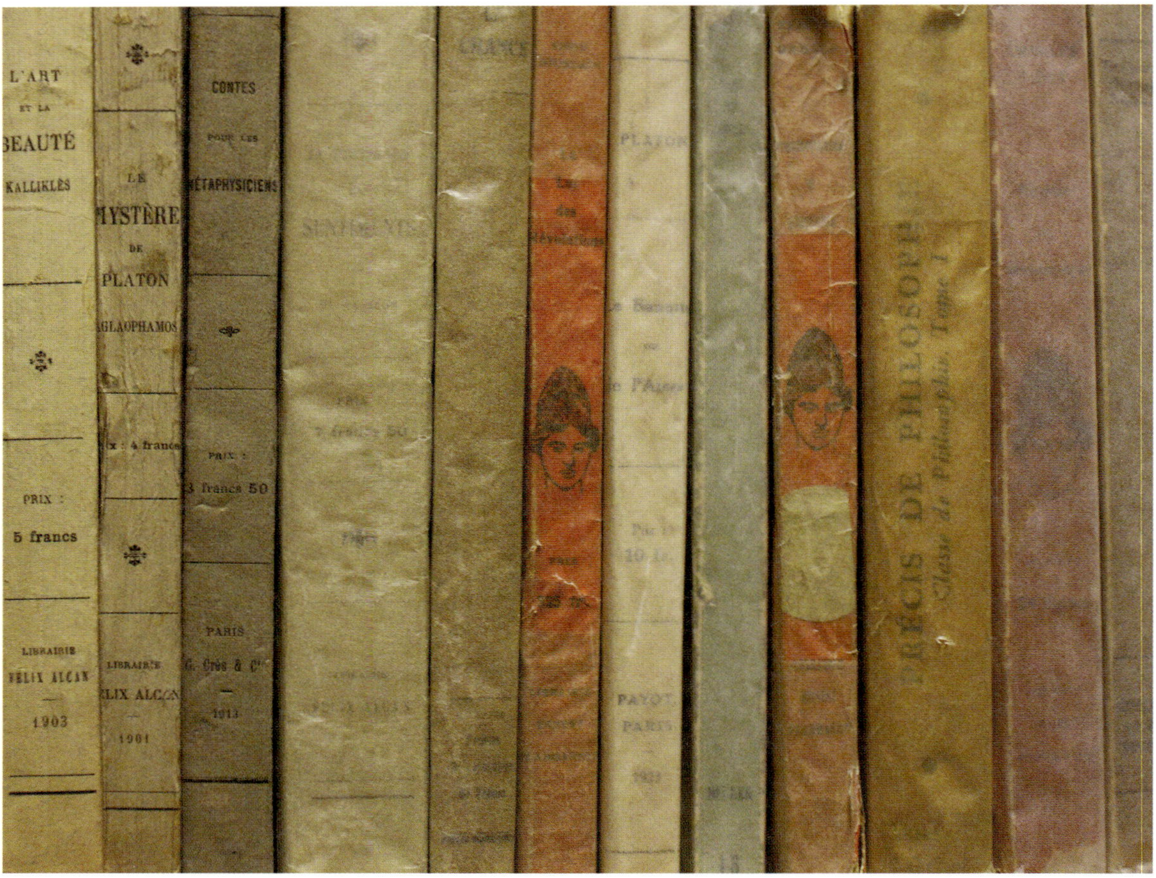
L'ART
ET LA
BEAUTÉ
KALLIKLÈS
PRIX :
5 francs
LIBRAIRIE
FÉLIX ALCAN
1903
LE
DE
PLATON
AGLAOPHAMOS
LIBRAIRIE
1901
CONTES
POUR LES
MÉTAPHYSICIENS
PRIX :
3 francs 50
PARIS
G. Crès & Cie
1913
PAYOT
PARIS
PRÉCIS DE PHILOSOPHIE
Classe de Philosophie. Tome I

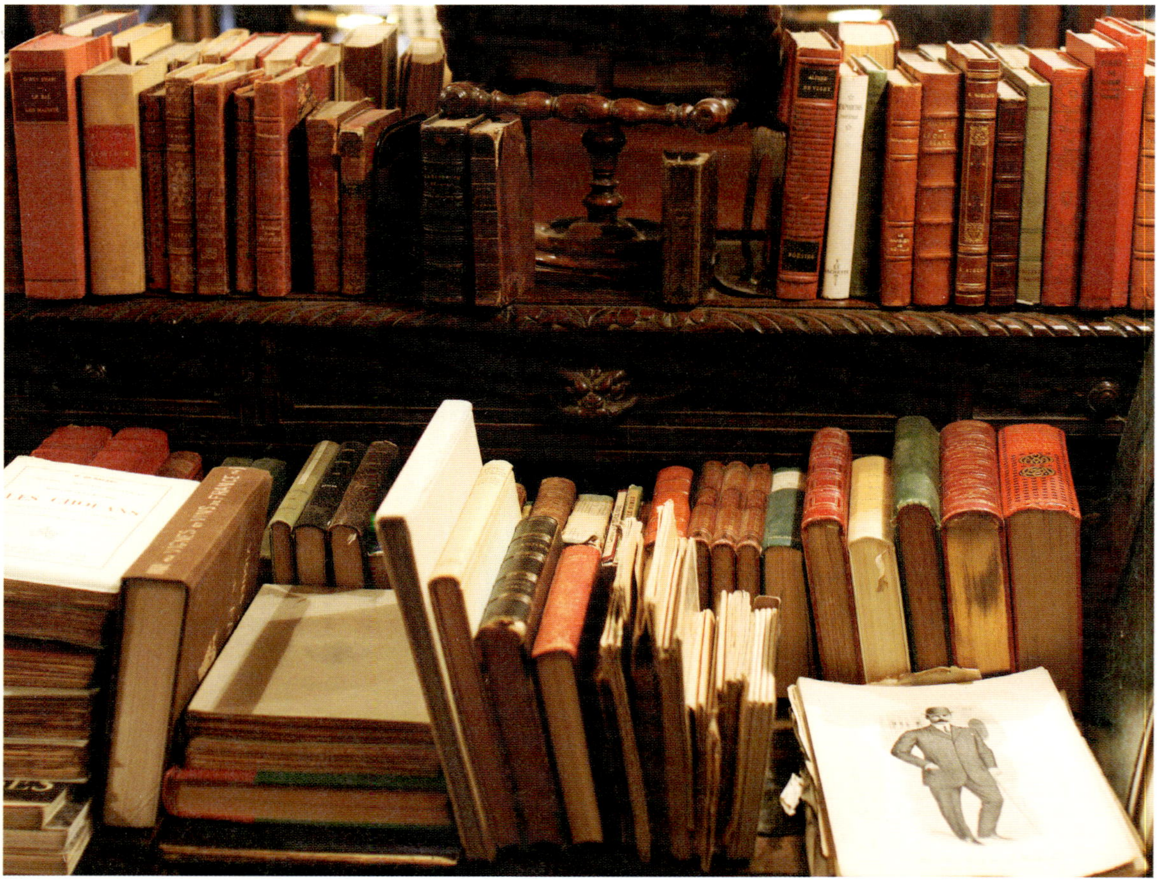

Librairie Jousseaume
45 Galerie Vivienne, 75002 Paris, France
Tel：+33 01 42 96 06 24
http://www.librairie-jousseaume.fr
librainie. jousseaume@gmail.com
周一至周六：11:00－19:00/ 周日休息

François Jousseaume

一九六〇年出生于巴黎。从小出入祖父经营的书店，在书的包围下长大。就读于书店附近的高中，进入大学后主攻哲学、文学和英语等。后来成为列车员，在夜间列车上工作。一九八七年从退休的祖父手里继承了书店。

店主兼店长：弗朗索瓦·茹索姆

薇薇安拱廊街一带过去是巴黎右岸地区的文化中心，有五家旧书店挨在一起。法国国立图书馆、以《费加罗报》为首的各大报社总部、出版社等云集于此。“二战”以后，这些企业要么搬迁、要么倒闭，数量急剧减少。法国国立图书馆尽管至今还在，但绝大部分机构已迁到十三区的新馆了。

任凭时代变迁，深处巴黎中心的美丽拱廊街依旧幽静无声，与充满汽车噪音的世界隔绝。在这里看书，是一种十分奢侈的体验。

我从祖父那里认识到经验的重要性。他从未直接教给我什么，我依靠的是自己在书店积累的经验。光顾我们书店的许多客人对旧书有极高的鉴赏能力，更多时候不是我给他们提建议，而是向他们学习。这一点可能与在其他书店工作不同。

书店这一行日渐式微。环顾巴黎周遭，倒闭的书店比开张的多得多，这就是现状。不断上涨的房租让赢利越发困难，我们书店的销量也大不如前。值得庆幸的是，启动线上销售后，我们书店的经营总算勉强维持下来。至于未来，我只希望能把这家书店做下去。

意大利

罗马

- Libreria Arion Esposizioni
- Caffè Letterario Roma

巴萨诺-德尔格拉帕

- Libreria Palazzo Roberti

米兰

- Bookstore Triennale
- Design Library

雷焦艾米利亚

- Libreria All'Arco

Libreria Arion Esposizioni

阿里昂展览书店

GRAPHIC NOVEL
MUSICA
MOZART
lucio dalla
gli occhi di lucio
Strand
ARION
LE LIBRERIE INDIPENDENTI
INFORMAZ

面积：450m²/ 规模：10,000 册 / 创立：2007 年
类型：文学、视觉艺术、戏剧、电影、舞蹈、音乐、童书、珍本绝版书
经营形式：综合文化设施内的书店（新书和旧书）

阿里昂展览书店位于罗马最大的文化殿堂——展览宫。这家书店汇集年轻团队的诸多创意，是罗马新兴文化的象征。

展览宫是罗马中心区最大的文化设施。这座新古典主义建筑于一八八三年建成，最初是展览会场；二〇〇七年，根据费罗兹·伽尔多和米凯尔·德尔基的设计，开始了历时五年的改造，内部空间焕然一新，变成了简洁抽象的风格。

展览宫建筑面积达一万平方米，拥有多家剧场、电影院和餐厅。从马克·罗斯科的个展到斯坦利·库布里克作品的相关展览，再到《美国国家地理》的摄影展——这里每年都会举行各式各样的展览，吸引上百万的访客。

阿里昂展览书店是多功能文化设施展览宫的重要组成部分，视觉艺术、表演艺术、设计等各类型当代艺术书应有尽有，还会配合展览宫的展会和活动举办书展。

这里也出售中小出版社个性独特的书，因此客人都说“这里有别处找不到的书”。店员在选书时，不以流行为首要条件，优先考虑那些“具有长期阅读价值的书”。在橱窗里展示旧书，也并不是单纯为了把它们卖出去，而是为了引导人们注意书的价值，让他们意识到“今天买的新摄影集，再过几十年或许就能成为宝贝”。

阿里昂展览书店的目标不是沿袭传统的启蒙主义，而是传播与现代精神相契合的文化，因此也为参观展览的人们准备了丰富的图书，比如，举行墨西哥美术展时书店里就会办墨西哥书展。不过这种时候，美术或现代文学书基本卖不动，主题更具亲和力的书会获得意想不到的好评。

这家书店在展览宫侧面也有入口，面朝米兰大街，无须通过展览宫的前台就能进入。这个入口附近设有小说、散文类大众图书区，随后又开设了诗歌区。本以为这是无人问津的区域，只试着放了三百本书，结果销量超出预期，有时甚至超过了艺术书。为了将书店打造成在罗马购买诗集的首选场所，上架的书都经过严格挑选，卖场也进一步扩大。还有人建议尝试音乐等主题，进一步提升卖场的亲和力，吸纳新读者。

另外，面向幼儿的绘本也是阿里昂展览书店的重点商品。如布鲁诺·穆纳里和李欧·李奥尼等名家的经典绘本，品类十分丰富。至于新生代绘本作家的作品，书店也严把质量关，保证连大人也会觉得有趣。这家书店的目标就是：让年轻一代爱上艺术和图书。

店长：法比奥 · 奇卡廖尼

我父母经营书店，我就是在书店里长大的。意大利的阅读人口持续减少，在罗马，包括我父母的书店在内的大量书店都关门了，但仍有许多人保留着过去的生活习惯，喜欢到书店触摸实实在在的书，和店员们聊聊天。

我们店的内部装潢以白色为主，充满现代气息。美观的设计，轻松的氛围，让我们店深受欢迎。建筑师在书架的设计和照明上下了苦工，力求凸显摄影集和美术展览目录等大型书。许多客人都是参观展览时顺道来书店的，也有超过三成的客人单为书店而来。我们的童书都经过精挑细选，周末有许多父母带着孩子来买书。

这个时代，靠经营书店赚钱已经很难了。根据我的经验，要让客人对书感兴趣，最有效的就是现身说法，和他们聊聊自己感兴趣的书。给客人建议时，一开始固然局限于介绍书和作者等客观信息，但最后还是要回到自己的喜好上来。毕竟，人性化的交流才最重要。

另外，我们店也卖旧书，价格从二十欧元到一万两千欧元不等。每本书都具有独特的价值，比如，这本书是初版。这些旧书保存完好，颠覆了“绝版的珍本必须在满是灰尘的书店中高价购得”的刻板印象。今后，我将继续摸索，把书店经营下去。

Fabio Ciccaglioni

一九七八年出生于罗马。小时候，每到圣诞节前繁忙的日子，他就在父亲经营的书店中帮忙；大学退学后，又在购物中心的书店里工作。二〇〇七年开始担任阿里昂展览书店店长。

Libreria Arion Esposizioni
Palazzo delle Esposizioni
via Milano 15/17, 00184 Rome, Italy
Tel：+39 06 48913361
http://www.librerieariоn.it
周二至周四：10:00 – 20:00
周五至周六：10:00 – 22:30/ 周日：10:00 – 20:00

店员：弗朗西斯卡·瓦尔蒂诺奇

刚看完展览的人仍处于兴奋状态，好奇心旺盛，想更多地了解刚才看到的东西，于是会来到书店。认真倾听这些客人的需求、思考向他们推荐什么书，是我最重要的工作。关于店里的每本书，我都努力理解“这本书具有什么价值”，然后用浅显易懂的语言向客人说明。发掘不为人知的好书，将它介绍给潜在读者，这就是书店店员的作用。

我负责艺术、摄影、时尚、设计区域，和店长法比奥一起选书。二〇〇九年我当选为区域负责人时只有二十七岁，还是女性，这在残留着古老价值观的意大利是个例外。为了不辜负大家的期待，我每天都认真工作，努力使书店呈现出独特的魅力。包括我在内，我们店的所有店员都是三十岁左右的年轻人，我们这个团队的目标就是打造不拘泥于既有概念、风格新颖的书店。在书店行业面临衰退的今天，必须追求传统书店所不具备的新观念。

作为古老国度中的年轻书店，我们想尝试的事情还有很多。在意大利，有关当代艺术家的书并不太多。我想多去世界各地的当代美术馆看看，调查研究，充实我们这方面的图书。

Caffè Letterario Roma

罗马文学咖啡馆

罗马文学咖啡馆位于地下车库巨大的空间中。在图书区的深处设有吧台，店里摆放着舒适的沙发，有如休息室。

这家店的店主是建筑师温琴佐·普尔特罗内先生。他曾在附近的废弃市场从事再开发项目，后来从市政府获得了在罗马南部建设文化设施的资金，于是改造了原为车库的巨大地下空间，建成了这家文学咖啡馆。

未来主义风格的内部装潢设计也是普尔特罗内先生的手笔。车库里基本没做区隔，是一个多用途的开阔空间。家具、照明和设计都是精心考虑过的，直接选用了意大利著名品牌“卡特尔”的家具。另外，设计师还巧妙利用室内白天得不到光照的特点，打造出了别具一格的店内空间。

这家书店的宗旨是：以新方法了解并购得图书。入口处的图书区只是地下空间极小的一部分，却是整个文学咖啡馆的中心。书店力图通过文化活动介绍图书。

无论是图书区的店头，还是与书相关的活动，这里重点推出的都是别的书店很难见到的小众出版物。只要收到活动申请，这里一般都会提供场地，翁贝托·埃科等国际著名作家也在这里举办过出版纪念活动和签售会。活动相关的书就备在图书区。

罗马文学咖啡馆最独特之处是在图书区旁边设有一个小图书馆。图书馆由罗马市运营，其他市立图书馆的登录证可以通用。这个图书馆藏有大量电影、摄影等方面的书。图书馆和咖啡馆之间没有区隔，咖啡馆里放着音量很低的背景音乐，不会影响到图书馆的读者。进图书馆必须经过图书区，爱书人来得多了，图书区的销量自然就上去了。

文学咖啡馆里举办的活动丰富多彩。店里的许多书涉及音乐、艺术等领域，经常借助现场演出、视频播放、展览会等活动拉动销售。比如介绍折纸的书时，会用书中的方法折出纸碗，盛放点心，供大家品尝。这里还开设小说创作讲座、面向外国人的意大利语教室等。

即便深夜，也有很多客人来参加活动，他们都会在入口处的图书区驻足，选书后在吧台付款。店里还按照出生地举办外国移民和当地政界人士对话的活动，比如本周是中国移民，下周是非洲移民。不同人群汇集至此，展开对话，赋予了文学咖啡馆浓郁的现代气息。

面积：1000m^2/ 规模：2500 册 / 创立：2006 年

类型：文学、艺术、设计、趣味、电影、音乐、童书

经营形式：独立书店 + 咖啡馆 + 活动空间 + 公立图书馆

BookShop
in biblioteca

caffèletterarioroma
caffèletterarioroma
caffèletterarioroma

WIM WENDERS
IL TEMPO CON ANTONIONI
AMOR VACUI / IL CINEMA DI MICHELANGELO ANTONIONI
Fotogenia 4/5
a nuova luce
97/98
L'ECCESSO DELLA VISIONE
Lezioni di cinema
Antonioni
791.430 945 CINEMA ITALIANO

ALDA MERINI
Immigrazione
in poesie

Caffè Letterario Roma
via Ostiense, 95, 00154 Rome, Italy
Tel：+39 06 57302842
http://www.caffeletterarioroma.it
libreria@caffeletterarioroma.it
周二：14:00－22:00/ 周三至周日：10:00－22:00
周一休息

Teresa Longo
一九八一年出生于意大利南部的坎帕尼亚。在那不勒斯大学学习文化遗产保护，后在罗马大学攻读项目企划硕士，并前往雅典的意大利文化研究所进修。二〇〇九年起担任罗马文学咖啡馆的书店店长，负责策划与书有关的活动。

店长：特雷莎·隆哥

遴选图书、接待客人、策划活动都由我一人负责。书是伟大的工具，可以传授知识、排解烦忧、助人成长。

只有营造与其他书店不同的氛围，独立书店才能赢得发展机会。这里出售的是在其他书店很难买到的书，以及一些由小出版社出版的、装帧与内容个性鲜明的书。我会对这些书精挑细选，再展示在书店里。

为了维持经营，必须下一番功夫。我们举办的图书签售活动，最热闹的一次聚集了五百人，签售了一百本书。出版社和作家一般要支付一定的场地费，但也不尽然。免费提供场地时，参加活动的客人会在咖啡馆消费饮料，也可以创造收入。

店里除了书还提供其他娱乐，各种各样的人都愿意来这个悠闲的地方坐上大半天。带着婴儿的妈妈们白天会来这儿喝咖啡聊天，附近罗马大学的学生会来图书馆学习，晚上还有生意人来喝鸡尾酒。电影导演、政治家等许多名人也都来过。

在这里可以遇到形形色色的人，对我来说是一个充满新鲜感的环境。我将在这样的环境中继续想出好点子，策划更多有意思的活动。

Bookstore Triennale

三年展书店

米兰三年展设计博物馆被誉为设计界的风向标，大改造后焕然一新。三年展书店就是这一艺术殿堂中的设计专业书店。

米兰三年展设计博物馆位于森皮奥内公园一角的艺术宫中，斯福尔扎城堡也在这座公园内。艺术宫由乔瓦尼·穆齐奥于一九三一年设计，每三年就会在这里举行装饰艺术展。

二〇〇七年，由米凯莱·德卢基主持设计，米兰三年展设计博物馆在艺术宫正式落成。这里每年以意大利设计界的某种元素，如家具或照明，作为主题举行展览，也会不定期地举办特展，曾用作米兰家具展、米兰时装周的会场。博物馆内的咖啡厅面朝公园、设有大窗户，大受欢迎。

三年展书店面向博物馆门厅，店内没有隔墙，是一个开放空间，没有博物馆入场券也能入内。读者可以在书店里自由漫步，无论站在何处都能一览店内全景。桌子、橱窗等都是德卢基设计的。放书的桌子带底轮，可以自由移动。店堂靠里的白墙上可以投映幻灯片，书店常邀请杂志社编辑、图书作者来这里举办活动。

书店先于博物馆开业，二〇〇七年改由斯基拉出版社运营。书店自然会售卖斯基拉出版社的书，但并不厚此薄彼，也销售其他出版社的书。

现在的经营者接手后，书桌上摆上了小陈列架，展示的书增多了；图书类型扩展到近现代建筑和设计，以及时装和当代艺术领域，店员选书也更加谨慎，力求反映最新的潮流趋势。除此之外，这里也有来自小出版社的稀见书籍。博物馆举办展览时，书店会特意充实与展览主题相关的书。

这家书店还有海报、包、文具等设计产品，它们都产自意大利，小制造商和新兴创作者的产品会得到重点展示。

书店员工主要是建筑系的学生。他们热忱，具备专业知识，选书眼光到位，得到了米兰当地建筑师、设计师和专业学生的认可。很多客人会在参观博物馆或博物馆附近的其他展览后顺便进书店逛逛。工作日的晚上，人们在博物馆附近的餐厅用餐后，会来这儿随便翻翻书。周末，也有不少当地人在森皮奥内公园散步途中，顺便进来看看。作为高品质专业书店，这家书店与博物馆的高端定位相符，瞄准了建筑师这一目标群体，因此大获成功。

面积：190m^2/ 规模：5000 册 / 创立：2004 年
类型：建筑、设计、艺术、摄影、时尚、童书
经营形式：博物馆内的设计专业书店

Lilla Pezzano

一九五〇年出生于意大利南部的卡拉布里亚。在比萨大学学习古典文学后，一九九六年进入以出版艺术书闻名的里佐利出版社。后跳槽到图书进口公司。从二〇〇七年开始担任三年展书店店长。

店长：莉拉·佩扎诺

米兰三年展设计博物馆位于大公园内，被树木环绕，是米兰市民的绿洲。当然，出自德卢基之手的漂亮建筑也是它广受欢迎的原因之一。星期天，许多家长会带着孩子来这里，人流量之大一开始让我很是吃惊。我常常见到，妻子看家具展时，丈夫就和孩子一起在这里挑选绘本。

店里最畅销的是建筑和设计方面的书，还有很多在其他书店很难见到的专业书。选书工作主要由我负责，不过我会听取年轻店员的意见，最终要考虑的还是书的质量和客人的需要。

书是非常难卖的商品。书店要生存下去，单靠充实书的品种是不够的，重要的是具备个性。

在多年的实践中，我渐渐学会了站在顾客的视角选书，不会被那些只靠拼凑照片、看上去光鲜亮丽的书，或者炒冷饭的书欺骗。小出版社会出一些主题独特、没人出过的书，比如“音乐和建筑”主题的书。只有能提供新信息或观点的书，客人才会购买。

店员：丹妮拉·玛佐

我出生在米兰，已经二十七岁了，在大学学习建筑。二〇〇五年开始在书店上班。二〇〇七年加入这家书店。我一边读书一边在这里工作，每周上五天班。

书和建筑都是我喜欢的。在这里工作，既能用到我学的东西，又能接触到建筑方面的新书，对自己大有裨益。客人大多是设计和建筑界的从业者或像我这样的专业学生，和他们交流很开心。

书不是一般的商品，不能仅凭功能、价格或个人喜好来判断取舍。只有掌握丰富的知识，才能给客人推荐合适的书。尤其是来我们店的客人，大多会预期三年展书店的店员理应具备较高的专业水平。有时客人会问及某位我们从未听说过的建筑师或设计师的书，没找到书的话，客人会失望离去，而我会抓住机会学习，立刻上网查询。

硕士毕业后，我不打算进入建筑业，而希望继续在书店当店员。书店里，除了卖书，还有某种特别的东西吸引着我。我相信，今后购物中心式的大型书店会越来越少，而像我们这样的专业书店会继续存活下去。

Bookstore Triennale
Triennale di Milano
viale Alemagna, 6, 20121 Milan, Italy
Tel：+39 02 89012117
http:// www.triennale.org
周二至周日：10:30 – 20:30/ 周一、节假日休息

Design Library

设计图书馆

设计图书馆是一家别具一格的私立图书馆，也销售图书。这里孕育着新的创意与人才，与设计之都米兰相得益彰。

馆长瓦莱里奥·卡斯泰利先生是意大利设计界的代表人物。他的父亲是卡特尔公司的创始人，那是一家拥有六十多年历史、意大利最大的亚克力家具公司。他的母亲安娜·卡斯泰利·费列里则是知名设计师，设计了以卡特尔“Componibili”圆形储物柜为代表的经典家具产品。

卡斯泰利在设计书刊的包围中长大。从米兰理工大学建筑系毕业后，他做过设计顾问、杂志和设计公司的艺术指导，广泛涉足最新的设计领域，随后又创办了世界知名的设计研究院“多姆斯研究院”，任第一任院长。二〇〇六年，他开设了世界首家设计类专业图书馆“设计图书馆”，公开了父母和自己的藏书，决心将这里打造成关于设计文化对话交流的场所。馆内图书的类型扩展到广义的“设计”领域，包括产品、建筑、平面、时尚。只需缴纳二十五欧元年费，就可以使用图书馆的书和杂志，还能参加相关活动。图书馆会员已达到一千五百人，其中七成是设计专业的学生，其余则是刚进入设计行业的年轻人，这些年轻人中，有半数以上是在米兰接受培训的外国人。

图书馆由玛德雷纳·卡萨蒂和詹姆斯·阿维恩设计。他们是卡斯泰利先生在奥利韦蒂公司担任艺术指导时的同事。内部装潢多用直线，风格流畅，赋予了图书馆强烈的个性。这样的环境也保证了书的视觉信息能够不受干扰地传递出来。馆内设有无线网络，读者可以通过书和网络两种方式研究和学习。

每周四，图书馆的活动空间会举办“设计星期四”活动，邀请一流的建筑师、设计师、记者前来演讲。有很多设计专业的学生和从业人员场场不落。

新书大多是出版社捐赠的。作为交换，图书馆会举办与捐赠图书相关的活动来销售图书。对出版社来说，这也是一个很好的展示平台。图书馆附近有许多设计公司，平日的晚上和米兰设计周期间，这里会成为设计或建筑企业、出版社举办推介活动和发布会的场所。出租会场的收入将成为图书馆的运营资金。

面积：400m^2/ 规模：40,000 册 + 30 种杂志（含过刊）/ 创立：2006 年

类型：设计

经营形式：私立图书馆 + 咖啡馆 + 活动空间

PIERO LISSONI
Post-Modern Design
BAUHAUS
BIONIK
S,M,L,XL
MEMPHIS
ALFREDO
Solid Side

馆长：瓦莱里奥 · 卡斯泰利

我不觉得经营图书馆是份工作，而是把它视为文化工程，全身心地投入其中。

我创办图书馆基于两个缘由。第一，在米兰建立一个关于设计的学习、交流、宣传平台是我的夙愿；第二，我不想让父母和自己书房里宝贵的书和杂志白白浪费，希望它们能发挥点作用，特别是对年轻人。于是，我建立了这个图书馆。

我将所有个人藏书转移到图书馆中。特别让我自豪的是，我拥有一九二八年创刊的建筑杂志《多姆斯》的全部过刊。

通过网络和电子媒介读书是当今世界的一大趋势。我打算把这个图书馆的古老杂志和书电子化，使全世界读者都能搜索、阅读。

无论电子书如何进步，米兰的这个图书馆还是会作为重要场所保留下来。它可以为设计业者提供对话交流的平台；而且最重要的是，“书”应该通过触摸纸张、嗅闻气味来体验。设计方面的珍本绝版书具备令人着魔的魅力。它们作为“设计成果”，其价值无法估量，将会永远地存在下去。

Valerio Castelli

一九五〇年出生于米兰。一九七二年毕业于米兰理工大学建筑系。先后从事设计顾问、设计类专业杂志《Modo》的艺术指导等工作。一九八三年创立设计研究院“多姆斯研究院”。担任过意大利设计专业门户网站“design-italia”的CEO和奥利韦蒂公司的艺术指导，活跃于设计行业的各个领域。

Design Library
via Savona, 11, 20144 Milan, Italy
Tel：+39 02 49537410
http://www.designlibrary.it
info@designlibrary.it
周一至周六：10:00 – 18:30/ 周日、节假日休息

馆员：马特奥 · 卡普拉

我出生于意大利北部山区的小城奥斯塔，已经三十三岁了，为了到米兰理工大学学习设计来到这个城市。我喜欢这里洋溢着的大城市独有的自由开放的精神。和朋友一起经营网站设计工作室时，我就常来这个图书馆。现在，我仍在经营工作室，每周来这里三次。

这里是专业的设计图书馆，和来访者交换信息令人兴奋。绝大部分会员是三十岁以下的年轻人，从北欧、东欧，美国、中国、日本等地来接受培训的学员和留学生络绎不绝。

除了负责接待和引导客人，我还要维护信息系统，比如在 Facebook 上更新活动信息，管理馆藏图书档案等，工作十分繁忙。我给自己定下规矩，凡有新到的书和杂志，都要最先看完。此外，对我这样的年轻设计师来说，这里的设计公司名录也有参考意义，可以从中寻找有意购买我们设计作品的公司。

这里定期举办的“设计星期四”与大学授课截然不同，由一流设计师从个人视角对设计发表看法，独具魅力。馆长卡斯泰利先生每月会来做一次演讲，聊聊他的父母、意大利设计界两位泰斗的轶事。

这里是与一流的设计书和一流的设计师相遇的场所，既是一家私立图书馆，也可以说是一所非正式的大学。

Libreria Palazzo Roberti

罗伯蒂宫殿书店

PICCOLI
SONO
IL NUMERO
QUATTRO
NORD

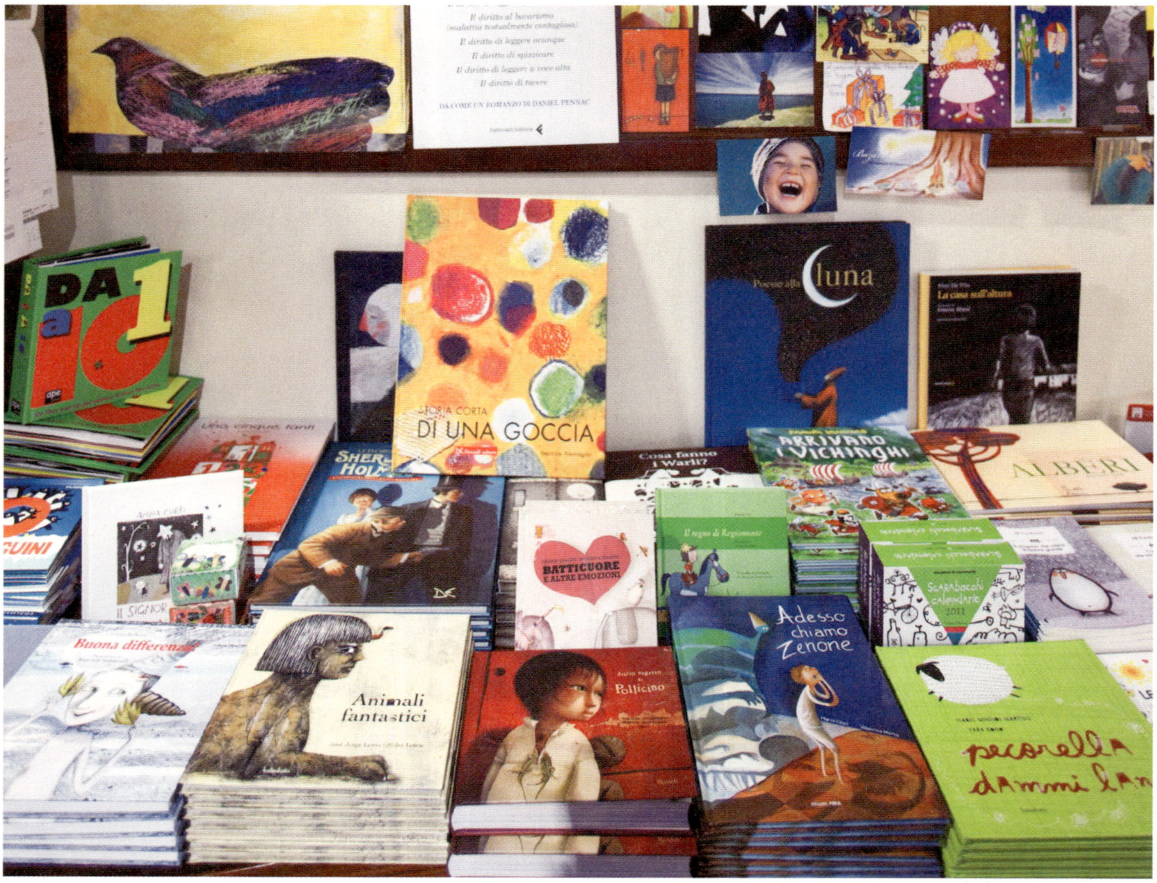

罗伯蒂宫殿书店位于威内托大区一座小城的十七世纪漂亮建筑中，店里生意火爆，收银台前时时排起长队。

巴萨诺-德尔格拉帕以盛产格拉巴蒸馏酒和白芦笋而闻名。从威尼斯出发，朝东北驱车一个半小时即可抵达这个人口约有四万的小城。罗伯蒂宫殿书店就位于这座小城中，在当地颇有名气，很多近郊的居民也会慕名而来。

关于这家店的历史流传着一段逸闻——一个富商买下了一座贵族宅邸，不久后，他的三个美丽的女儿在这里开起了书店，命运与之相联。

一九九〇年，世界知名三脚架公司曼富图的创始人在巴萨诺小城购入了一幢历史悠久的美丽建筑。当时，一家小书店租用了建筑中一个店面。"事后回想，这可能就是一种预兆吧。"当时十八岁的小女儿韦罗妮卡回忆道。作为登记手续的一环，巴萨诺政府对建筑的历史进行了调查。结果发现，"从十七世纪开始，公爵夫人就在这座建筑里设立书库，举办文学沙龙"。因此政府叮嘱建筑的新主人曼富图一家，务必让建筑中的书店经营下去。

做梦也没有想过要经营书店的曼富图一家只好接受命运的安排，举家出动，全身心投入到了打造巴萨诺最美书店的工程中。首先进行的是建筑的复原工程，将经后世多次改建的建筑恢复成当初的模样，修复了十八世纪末乔瓦尼·斯加亚罗创作的壁画。

韦罗妮卡代表不懂书店经营的家族前往伦敦，在历史悠久的哈查德书店当了几个月无薪店员，罗伯蒂宫殿书店的装潢因此染上了英伦风。一九九八年，以韦罗妮卡为主，三姐妹共同就任店长，意大利最大规模的独立书店由此诞生。

建筑共有三层，一层及与二层之间的夹层是卖场。所售图书以新书为主，包括各种大众读物。书店力图反映最新的出版动向，及时提供当地人感兴趣的书，还着力帮助客人搜寻市面上不好找的书，迅速订购。卖场中，每一类型的书都有专门的店员负责。最受欢迎的是童书区，每逢周末，孩子们蜂拥而至，在爸爸妈妈的陪同下选书，热闹非凡。

三层是装饰着美丽壁画的沙龙空间，从开店之初就举办各种活动，有作者亲自参与的售书活动，还有演讲、古典音乐会、摄影展等，深受当地人欢迎。沙龙空间还可租借给当地人举办活动，起着市民活动中心的作用。

在三姐妹的努力下，公爵夫人的文学沙龙在现代的巴萨诺复活了。

面积：700m²/ 规模：77,000 册 / 创立：1998 年
类型：大众图书、童书
经营形式：综合独立书店 + 活动空间

共同店主兼店长：韦罗妮卡·曼富图

我不怎么爱读书，也不想开书店，但十八岁时，父亲买下了这座建筑，我的命运由此转向。在经营书店的过程中，我渐渐发现，其实这样的人生也不错。

我们是“小城的书店”，学生、市场里的大叔、带孩子的父母……形形色色的人都会来，因此我们尽可能地丰富大众图书，其中评价最高的是童书区。店内设有孩子用的儿童洗手间和妈妈用的哺乳室，十分细心周到。

陈列艺术书的房间设有桌子，会定期举办品酒会。参加活动的客人可能会顺便买几本书，倘若因此爱上书店，下次还来光顾，我们的目的就达到了。

选书的工作由我负责。出版社的销售人员会带着新书样书来巴萨诺和我交谈一个小时左右，我就从他们提供的书目中挑选合适的书。意大利每年出版五万五千种书，要选出好书相当不易。

我至今都不怎么读书，但请作家来巴萨诺参加活动，和他们吃饭倒是乐事一桩，与写书的人聊天实在有趣极了。

Veronica Manfrotto

一九七二年出生于意大利巴萨诺-德尔格拉帕。三脚架公司曼富图创始人的小女儿。高中毕业后去英国伦敦的哈查德书店学习，后回国开设书店，和两个姐姐拉维妮亚、罗伦萨共同经营。

Libreria Palazzo Roberti
via Jacopo Da Ponte, 34, 36061 Bassano del Grappa Vicenza, Italy
Tel：+39 04 24522537
http://www.palazzoroberti.it
info@palazzoroberti.it
周二至周六：9:00 – 12:30, 15:30 – 19:30/ 九月至来年五月的周日：10:30 – 12:30, 15:30 – 19:30/ 周一休息

店员：特蕾莎·桑蒂尼

从书店开业我就在童书区工作。之前我当过幼儿园老师，还和两位朋友一起经营过一个小书店，后来他们俩也来这里当了店员。我在这一行已经干了二十多年了。

书是人一生的朋友。给孩子书，其实就是给他一笔对未来非常重要的财富。我认为，让孩子从小就领略读书的乐趣非常重要。

我希望我们店能成为孩子们愿意在周末逗留、选书的地方。为了营造舒适的环境，店里摆放着低矮的桌子和沙发。我们在每个季节会举办不同的活动，比如圣诞读书派对。为了回答客人的问题、给出准确的建议，我从未放松学习，会把所有新到的童书通读一遍。

我们店还开设了面向小学生、以书和读书为主题的学习班，向这些孩子介绍各种关于书的知识，比如书是如何制作出来的，还介绍读书的诸多规矩，比如碰书之前要洗手、翻书时要避免弄破书页。

另外，本地的图书馆还委托我们挑选适合馆藏的新的童书。我会根据自己在卖场一天天积累的经验，给他们推荐一些好书。

Libreria All' Arco

阿拉克书店

阿拉克书店位于意大利北部小城，那里是奶酪中的极品帕马森干酪的产地。这家美丽的书店是当地居民的骄傲。

拥有十六万人口的小城雷焦艾米利亚始建于古罗马时代，城中还残留有中世纪的城墙。阿拉克书店就位于小城繁华街道旁一座十六世纪的古老建筑中。

在书店工作多年的西尔维女士买下这座建筑，耗时五年改建成这家特色鲜明的书店。

负责改建的是当地建筑师让－普利默·贝尔托尼先生，他是西尔维女士的朋友，为西尔维改建过住宅。对于书店，西尔维女士的要求是：最大限度地展现历史建筑之美，别让它看上去像商店，要给人一种家的感觉。这是贝尔托尼先生第一次改建商业设施，他将以往设计住宅的经验运用到了书店的设计上。

刮掉后世涂在墙壁和地板上的涂料，露出十六世纪时的颜色。保留建筑原有的门窗。地板的一部分使用铸铁，照明和家具则以时髦的黑色为基调，以免书店看上去像个老旧的美术馆。

每个房间的书架、陈列用的桌子等家具略有不同，这是为了让书店呈现出居家感。一层入口处放着改建前三层办公室废置的大理石浴池，用来放伞。二层摄影艺术书的房间配有带底轮的可移动式桌子，暖炉前放着沙发和钢琴，每逢星期六，当地音乐学校的学生会在这里举办小型音乐会。

刚开业时，配备椅子的书店在意大利还很少见。当时，人们认为："没人会专门跑到书店里坐椅子、乘电梯。"西尔维女士却坚持在书店里设电梯，摆满椅子和沙发。有了座椅和电梯，老人、推婴儿车的父母、逛街逛累了的女人都可以坐下休息，轻松到楼上的卖场。书架和桌子之间十分宽敞，许多书都是平放展示的，不用拿到手里也能看清书名。

西尔维女士认为，作为小城里最大的书店，有责任备齐小城居民需要的所有书。因此，书店以热卖的新书为中心，陈列着品种繁多的图书，以满足不同读者群的需求。书店不仅要为读者提供实用的知识和学习资料，更要提供一个让大家忘记平日烦恼的休闲场地。"这个美丽书店的出现，给小城雷焦艾米利亚人的生活带来了巨大的变化，他们能在这里享受到大都市才有的文化体验。逛书店也成了我生活的一部分。"贝尔托尼先生说。

对当地居民来说，这是家值得自豪的书店。不少人携远道而来的亲朋好友寻访书店，书店的名声越来越大。外地客人已占顾客总量的四分之一。

面积：1100m^2/ 规模：40,000 册 / 创立：1993 年

类型：文学、人文科学、实用书、艺术、摄影、童书

经营形式：综合独立书店

ALLARME

PALAZZO LINARI
CUCINA
NATURA
SPORT
SALUTE
TEMPO LIBERO
VIAGGI

店主兼店长：保拉·西尔维

以前在别的书店工作时，我总是梦想着有一天能开一家属于自己的书店。对我来说，书店就像招待客人的旅店。过去工作中结识的许多客人，如今也成了我的常客。

书是很美的物品，应该被安放在美丽的处所。卖书其实是在分享故事和思想。推荐书，就是在介绍朋友，尽管有时候不一定志趣相投、称心如意，但正如人与人的相见，人和书在美丽的场所相遇，成为好朋友的几率要高得多。

仔细环顾店内，偶尔会发现有人在椅子里专心致志看了一个多小时的书，这时我就会很开心。

圣诞节等节日来临时，我会非常忙碌，许多平时不读书的人也会到店里挑选节日礼物。有不少十几岁的孩子对我说，想送一本书给妈妈当礼物。我问："你妈妈最近读什么书？"他们会说喜欢小说或散文。如此这般逐步缩小范围，最终挑出合适的书。通过这些对话，我发现孩子们都知道妈妈的喜好，我感到十分欣慰。

放着沙发和报纸的角落里，总能看到几个年轻人阅读报纸。即便他们不买书，能在我们店养成静静阅读的习惯，我也很高兴。

Paola Silvi

一九五一年出生于意大利雷焦艾米利亚。二十一岁时，还是大学生的她第一次当上书店店员，此后一直在书店工作。一九八八年，她买下了雷焦艾米利亚繁华大街旁的一座古老建筑，委托建筑师朋友开始改建。一九九三年书店开张。二〇〇九年又买下雷焦艾米利亚一家倒闭的书店，开设了分店。负责选书和活动策划。

Libreria All’ Arco
via Emilia Santo Stefano, 3/d, 42121 Reggio Emilia, Italy
Tel：+39 05 22440065
http://www.libreriallarco.it
libri@libreriallarco.it
周一至周六：9:00－19:30/ 周日休息

店员：马里奥·贝尔托诺奇

二〇〇五年，我进入了母亲经营的这家书店。之前我在本地的篮球队负责宣传工作，像在网上发布信息、策划活动、与媒体沟通等，这些经验如今都派上了用场。不过，在熟悉店员工作的过程中，我还是感到很大压力，既要将新书完美地呈现出来，又要更新书目、处理退书、接待客人，工作十分繁杂。对记不清书名的客人，要悉心倾听，努力找到他们想要的书。为此，我必须了解本地、意大利乃至世界的新闻，还得去看热门的电影，拓展知识面。

在书店工作，最开心的当然是能置身于书海之中，和客人交流。我们店是“小城的书店”，不管是扑克书还是哲学书，在我看来都同等重要。

我已经养成了一个习惯，每到一个地方旅行，就要去当地有名的书店转转，学习别人的长处。比如我从巴黎的书店学到，不是简单地将新书并排放在橱窗等显眼的地方，而是挑选封面设计漂亮的书，用别致的方式将它们展示出来。我还在研究图书分类的标签。走了那么多地方，我觉得我们是世界一流的书店。我已经三十四岁了，为有三十五年书店经验的母亲工作，准备有朝一日继承母亲的事业。

荷兰

阿姆斯特丹

- Mendo
- American Book Center
- Nijhof & Lee

马斯特里赫特

- Boekhandel Dominicanen

Mendo
门多书店

TIMEWALKER
HELMUT

在黑色图书环绕之下，身着黑衣的男店员正卖出一本本视觉艺术书。除此之外，门多书店还有不为人知的一面。

门多是售卖创意类图书的专业书店。尽管供货的出版社很多，却只有五个类型：室内装饰、平面设计、广告、时尚、摄影。店内还陈列着精选出来的超大型视觉艺术书，内容和质量俱为上乘，价格从十欧元到四万欧元不等。

几乎全黑的内部装饰，让门多得到了一个昵称：黑书店。内部装饰出自当地的设计事务所 Concrete Architectural Associates，黑色的书台中零星嵌入红色皮革方凳，为店内增添了温暖氛围。书店还特别注重照明，以使书呈现出美丽的形态。

书店特别订制了两千册黑书“门多书”，用来调整书架的空间，也用来替代桌子，发挥家具的作用。门多书的封面和内页都是黑色的，造价不菲。

书店还有另一个身份：同样名为“门多”的平面设计事务所。店员同时也是在事务所工作的设计师。四个设计师轮班，一边在电脑上设计标识和广告，一边挑选图书，管理书店。

书店专设办公室。尽管书卖得不多，也需要进行核算，每一本都必须精挑细选。因此书店树立了精准高端的形象，书的销量平稳提升。门多收益的一半来自书店，一半来自设计事务所。

大多数书店都会在网上卖书，门多却只在实体店里卖。书店坚持认为，与图书实实在在的接触能给客人启发，为客人提供这样的附加价值很重要。

定期光临的客人有五十人左右，多是时尚、摄影、建筑等业界人士，店内有的书就是客人推荐采购的。不少热情的藏书家小心翼翼地把书取走，连塑封都不撕掉。有些藏书家的藏书甚至比店里的还多。

有一位俄罗斯客人对摄影师赫尔穆特·牛顿的限定版大型书一见倾心。“我必须回俄罗斯了，买书的钱不够，但无论如何都请您把书卖给我。”在他的百般恳求下，书店让他付了部分定金，就把分毫无损的样书交给了他。

来店的客人既有平面设计专业的学生，也有选购礼物的人。让书显得比实际更美的购物环境，与书店风格相配的黑衣店员热情的接待，这就是门多书店大受欢迎的秘密。

面积：120m²/ 规模：2000 册 / 创立：2002 年
类型：室内装饰、平面设计、广告、时尚、摄影
经营形式：设计专业独立书店 + 设计事务所

MENDO
AMERICAN FASHION MENSWEAR
ITALIAN TOUCH
TORSO
TOM FORD
ANNA SUI

共同店主兼店长：约里 · 沃尔姆

我们都是设计领域的专业人士，我们的眼光可以保证店里的每一本书都经过精挑细选。在店里我们只陈列自己认为好的书。

很多客人进入书店时不知道我们是设计师，但他们都觉得，既然这里的书这么少，那肯定本本都是精品。在这一点上，我们采取的策略和只在店内陈列三件 T 恤的东京精品服装店相似。

我们也卖电商打折销售的大型书。在网上购书，只能看到封面，无法翻阅内容。我自己也在网上光看书名买过书，结果发现实物跟想象的天差地别。

一些在大型书店里不容易发现的书，在门多则十分显眼。书放在这里会显得尤其漂亮，这是为了博眼球而特意设计的。毕竟是设计专业人士开的书店。有客人在这里被大型书吸引，为了摆放在家里还专门制作了书架。书店也能改变人们的生活。

前几天，我去参加朋友的生日宴会，看到有人送来的礼物包着门多的包装纸，打开一看，却不是门多的书。我一点也不介意，看来“在门多买的东西”已经是品位的象征了。

Joeri Worm

一九八一年出生于荷兰阿姆斯特丹。在鹿特丹大学威廉德库宁艺术学院学习平面设计，获学士学位。从学生时代起从事设计工作，二〇〇二年进入门多书店。

Mendo

Berenstraat 11, 1016 GG Amsterdam, The Netherlands
Tel：+31 020 612 1216
http://www.mendo.nl
service@mendo.nl
周一至周六：11:00 – 18:00/ 周日：12:00 – 17:00/ 部分节假日休息

店员：古力福尔·旺巴嘎

八岁时，我和母亲、妹妹从卢旺达逃亡到荷兰。为了尽快学会荷兰语，母亲每周都会带着我去图书馆借四本书看。我由此认识到书的美妙和重要。

门多的店员中，我是个另类，我不是设计师，只是在这里打工。我已经十九岁，在阿姆斯特丹大学学习国际商务，之前曾在附近的时装店打工。门多的店主是那里的常客，我和他渐渐熟络，在摄影方面尤其聊得来。他欣赏我在摄影方面的见解，以高于时装店一倍的时薪劝我到这里上班。

书店店员是出售知识的人。我经常看摄影集和展览会，将摄影师的名字记在本子上学习。摄影与时尚密不可分，在阿姆斯特丹时装周期间，我也会去参观研究。

我们店是世界上最美的书店。为了与美丽的视觉系图书相称，我们的着装也必须高雅得体。书店并没有对服装做特别规定，但我上班时总会穿上西装。

我希望大学毕业后能够从事设计方面的工作。如今在门多工作，可以说是在为将来做准备，希望可以找到值得自己倾注热情又能乐在其中的工作。

American Book Center
美国图书中心

美国图书中心是欧洲大陆最大的英文书店。总长两千米的书架上，摆着满满当当的书。店长和店员之间，客人和书店之间，都奉行民主原则。

美国图书中心源于一九七二年由两名美国人开设的英文书店。最初只卖便宜的旧书，后来为满足客人需要，不断购入新书，于是逐渐发展壮大起来。

店长卡普拉尼扬－布勒是美国人。创店之初，她和男朋友一起在欧洲旅行，在阿姆斯特丹邂逅了这家书店。旅行中想读英文书但为书价太高而烦恼时，正好遇到这家店，她很开心。为了挣旅费，她在书店打了一个星期工，发现这里正是自己想待的地方，于是一直工作下来。后来，男友回国，她则留在了阿姆斯特丹，与荷兰人结了婚。一九八三年，她和丈夫、妹妹一起将书店盘下。如今，她一肩挑起店主和店长的重任，在丈夫和两个三十多岁的孩子的帮助下，独立经营书店。

卡普拉尼扬－布勒始终秉承一个信念：信赖店员，给他们自由，就能打造更好的书店。二十五个店员在各自负责的区域自由地挑选图书，每个人都对自己区域的图书库存和销售状况了如指掌。书店的各种经营方针也都根据一线工作者的意见来制定。二〇〇六年迁到新址时，所有店员都对店内设计提出了建议，全长两千米的书架由此诞生。尽管面积不如以前，但容量增加了，工作起来也更便捷，店员们纷纷叫好。

如今，这家店已成为欧洲大陆规模最大的英文书店。它至今仍保留着从上世纪七十年代传下来的规矩：一是星期天照常营业；二是不光卖畅销书，还会购入客人希望看到的书。尽管名叫"美国图书中心"，但百分之四十的书都是以英国为首的欧洲各国出版的。

客人以荷兰人为主。因为英语流利，许多荷兰人都会来店里寻找尚未翻译成荷兰语的英文书，还有的人尽管有译本还是想读英文原版。当然，住在阿姆斯特丹、不会说荷兰语的外国人也会光顾。

二〇一〇年，书店引进了按需印刷机。用它可以轻松印出已电子化的书籍。上传数据需三十分钟，印刷和制作只要十五分钟。只要带来自己书稿的 PDF 文件，就可以在这台机器上制作出专属的图书。

四十多年来，阿姆斯特丹美国图书中心从未丧失自由的精神，一直在成长壮大。

面积：500m^2/ 规模：80,000 册 / 创立：1972 年

类型：英文书籍

经营形式：综合独立书店＋按需印刷服务

REMOTE VIEWING

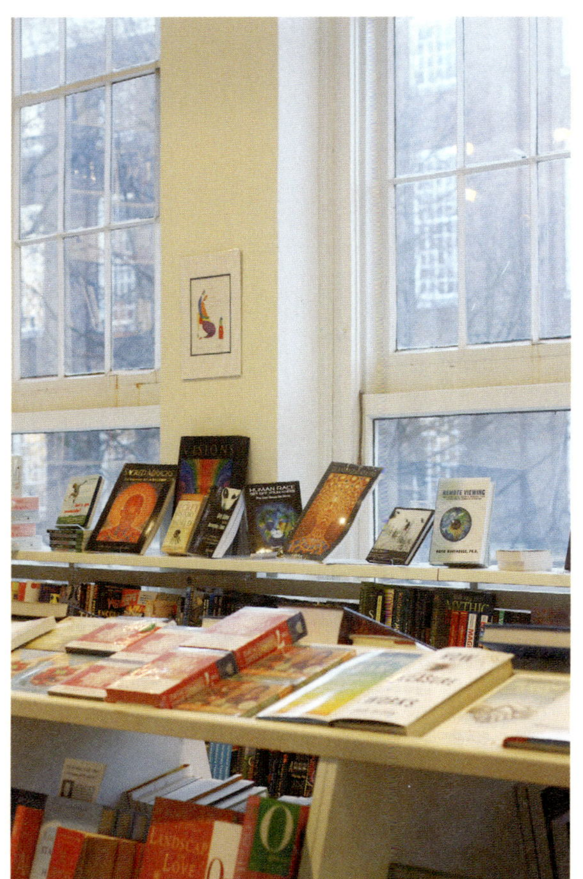

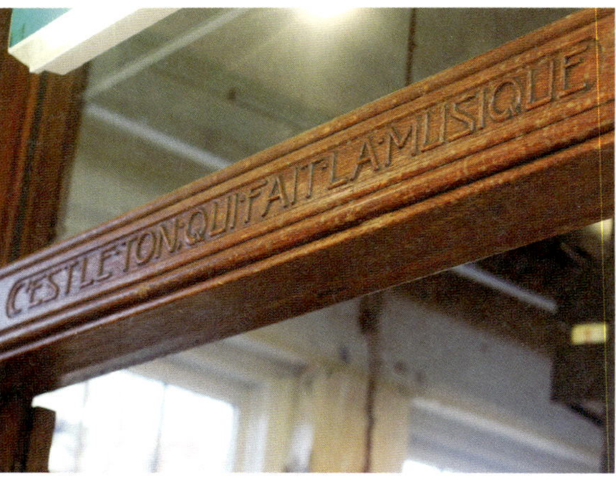

C'EST LE TON QUI FAIT LA MUSIQUE

HEALTH
HEALTH/NUTRITION

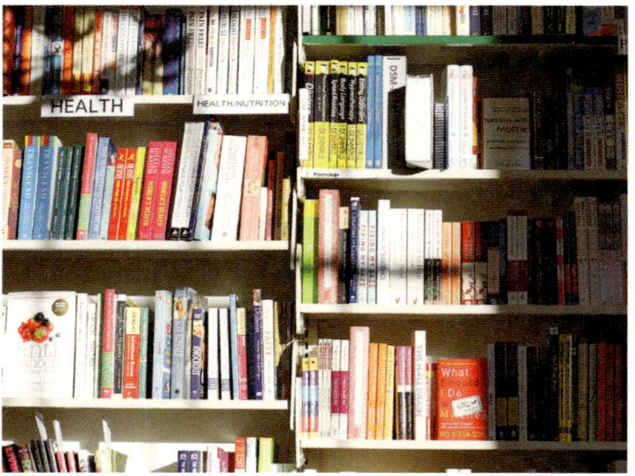

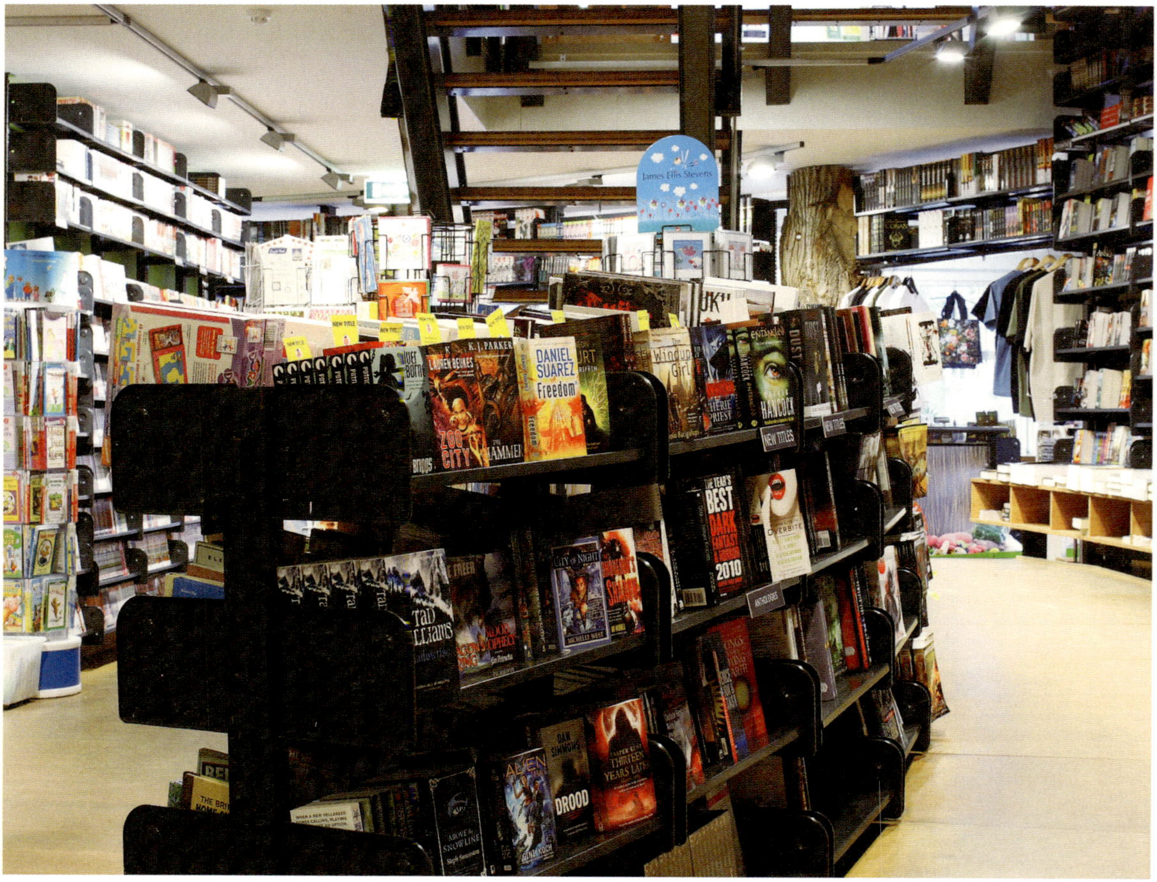
James Ellis Stevens
DANIEL SUAREZ
Freedom
ZOO CITY
DROOD

OVERSIZE
PHOTOGRAPHY
BOOKS
PHOTOGRAPHY

店主兼店长：林恩·卡普拉尼扬－布勒

书店是书的殿堂，是知识和灵感的宝库，无可替代。此外，书店还是爱书之人聚集、相遇、交流想法的场所。这种真真切切的接触，在当今网络时代尤其该被重视。我们会邀请作家来演讲、举办签售，还为立志成为作家的读者提供帮助，如举办“写作读书俱乐部”活动，为业余作家的发表提供场地。不少家庭主妇因丈夫调职来到阿姆斯特丹，需要住上两年左右，其间不便工作，于是开始写书。我们就将这些志同道合的人联络起来，大家有如家人一般。

我们还重视发展按需印刷业务。有些书只在网上可以读到，但许多人想读它们的纸质版本，从美英进口图书费时费钱，因此按需印刷机对荷兰的英文书店具有极高的价值。有了这台机器，无论学生装订论文，还是想当作家的人把打算投往出版社的稿件制作成书都变得简单多了。我们学习班里未来的作家们都对这项业务很感兴趣。

店员们还在进一步学习如何操作机器、处理纸张，我认为，这台机器蕴藏着未来图书业发展的巨大可能。

Lynn Kaplanian-Buller

一九四九年出生于美国明尼苏达州。进入当地的马卡莱斯特学院攻读经济学和社会学，中途退学，和男朋友远赴欧洲，开着房车四处旅行。一九七二年定居荷兰阿姆斯特丹。

American Book Center
Spui 12,1012 XA Amsterdam, The Netherlands
Tel：+31 020 625 5537
http://www.abc.nl
info@abc.nl
周一：12:00 – 20:00/ 周二至周六：10:00 – 20:00
周日：11:00 – 18:30/ 部分节假日休息

店员：马丁 · 鲍施

我出生在阿姆斯特丹，非常喜欢书，在一家小书店工作一段时间后，经朋友介绍，二〇〇二年开始在这家书店上班。

荷兰语图书的价格和流通管理都很严格，而英文书店无论选书还是销售都更自由，在这里工作很有意思。

常客从十多岁的孩子到八十多岁的老人都有。大多数客人都有明确的偏好，即使店里没有的书，只要有人下单，我们就会尽最大努力去采购。我们店是荷兰第一家做进口图书的独立书店，与出版社长期保持着紧密的联系。如果客人要找绝版书，我们会通过有合作关系的美国旧书店购入。找到珍本也是店员的乐趣之一。

书店店员的工作报酬低，任务重。这里的店员因爱书而选择这份工作，都是些"怪人"。许多外派到这里的美国人和美国游客，都会对我们店由衷地赞叹："这么好的传统书店，在美国已经找不到了。"

店里的同事有人已成为作家，但我没有这样的野心。我想在七十岁时开一家收集各种怪书的旧书店。旧书业正在持续衰退，我不指望能以此赚钱，纯粹是为了个人兴趣。

Nijhof & Lee

纳伊霍夫 & 李书店

SHEILA HICKS
BGC
YALE
HEILA HICKS
BGC
YALE
SHEILA HICKS
BGC
YALE

SALE

面积：30m²/ 规模：3000 册 / 创立：1989 年
类型：平面设计、印刷、装帧设计、珍本绝版书
经营形式：预约制设计专业独立书店 + 网上书店

“不是我发现了书，而是书发现了我。”纳伊霍夫 & 李书店的店长说。纳伊霍夫 & 李书店是世界屈指可数的设计专业书店，在这里能找到传说中的珍本绝版书。

在平面设计和印刷工艺领域，这家书店享誉世界。店主兼店长沃伦·李先生是出生于纽约的美国人。一九七〇年，他来到了“世界上最令人兴奋的地方”阿姆斯特丹。一九八五年，他遇到了工作上的伙伴也是生活中的好友弗兰克·纳伊霍夫先生。

纳伊霍夫先生曾在阿姆斯特丹历史悠久的美术书店普莱姆瑟拉担任店长。一九八九年，两人共同创立了设计和艺术书店：纳伊霍夫 & 李书店。

随着专业性的逐渐增强，店里销售的图书类型逐渐缩小为摄影、美术、建筑、平面、印刷。纳伊霍夫先生在这些领域的鉴赏本领堪称一绝，新书只需看一眼，就能知道哪些客人会买，由此决定订购的数量。李先生自然也渐渐练就了一双慧眼。

早在一九九六年，纳伊霍夫 & 李书店就开始在网上售书。尽管只经营专业性极强的平面设计和印刷类图书，阿姆斯特丹小书店“纳伊霍夫 & 李”的名字却迅速传遍了世界。而一九九五年创立的亚马逊直到二〇〇二年都是赤字经营，两者在各个层面都形成了鲜明的对比。

书店高度注重图书质量，只有三分之一的新书最终可以在店里上架。那些由小出版社出版、在网上书店都找不到的专业书，很多是客人推荐购入的。这里的客人大多是忙碌的艺术家，他们没有时间去书店买书或到处找书，因此非常看重这家店，书店的线上销售额也随之节节攀升。

店里还能买到市场上很难见到的旧书，比如荷兰著名装帧设计师伊玛·布姆的早期作品等价值五千欧元以上的珍本。

二〇〇八年纳伊霍夫先生去世，如今李先生独自经营着书店。二〇一一年二月，李不再经营建筑和摄影类的书，只保留口碑不错的平面设计、印刷、装帧设计三种类型，并从原来的地址迁到了一家临时店铺。同年夏天，又决定搬迁到阿姆斯特丹大学的比松德收藏美术馆，那里藏有伊玛·布姆的作品和印刷艺术家格利特·诺尔茨的资料。纳伊霍夫 & 李书店的强项是平面设计、印刷、装帧设计，与美术馆的功能正好形成了互补。

爱书，也被书所爱。作为阿姆斯特丹的异国人，李先生还要继续他的冒险。

店主兼店长：沃伦·李

许多人都说，享有盛誉的荷兰装帧设计师伊玛·布姆设计的 *Shiela Hicks* 是世界上最美的书。要了解实体书的价值，只要看一看这本书就明白了。

有一次旅行，我在列车上遇到一个英国男人。他坐在我旁边，用 Kindle 看书，我则看纸质书。我好奇地和他攀谈起来，他有点不好意思地说："我家有大书架，在家也看纸质书，但我经常出差，还是觉得用 Kindle 看书方便。"如今，书的形态正在发生变化，但我觉得纸质书是不会消亡的。

我的客人有八成是外国人，八成是从未谋面的网友。书店业最重要的人际关系在网上也可以建立。我们会通过电子邮件认真地逐一回复读者来信，即使与购书无关的问题也会迅速解答。

好书拥有神奇的能力，它能对我说话。我拿起书，不必阅读内容，哗啦啦地翻页，就能判断它是否具有价值。我的判断标准无法用言语形容，纯粹是主观的、个人的东西，因此我才以独到的选书眼光出名。大部分好书都带着强烈的个人色彩，具有震撼人心的力量。

Warren Lee

一九四四年出生于美国纽约。上世纪六十年代，本打算当教师的他结束学业，移居旧金山，从事出版和古董业。七十年代迁至荷兰阿姆斯特丹。从一九七一年开始在书店工作。一九八五年，与弗兰克·纳伊霍夫先生（1948–2008）相遇，两人合开了纳伊霍夫 & 李书店。

Nijhof & Lee

http://bijzonderecollecties. uva.nl

warren@nlgraphicdesign.nl

预约制 / 地址需咨询

店员：弗兰克·缪尔

我一九七〇年出生于荷兰东部。在比利时的安特卫普皇家艺术学院留学，学了五年平面设计后退学。在阿姆斯特丹做过一段时间健康顾问。后来在机场书店上班。我发现在书店总能看到新书，即便踏入社会也能学习，让人充满活力，便渐渐爱上这份工作。我在那家书店做了七年，二〇〇八年加入这家书店。

因为学过平面设计，刚来上班，我就对书的品质有第六感。在这里遇到好书，我会认真观察，运用所学的知识和现场的直觉加以判断。客人中有许多专业人士，与他们接触，也能学到宝贵的东西。

我们店迎来了转变期，我将结束这里的工作，另找一家好书店就职。设计书店固然不错，文学书店我也喜欢，我会耐心地找下去。

我没想过自己开一家书店。和李先生不同，我不是商人，只是单纯地喜欢被书包围，能把好书卖给客人就足够了。

Boekhandel Dominicanen
多米尼加书店

多米尼加书店是世界各地爱书人心中的圣殿。你可以在店内的祭坛咖啡馆一边喝咖啡，一边专心致志地读书。

荷兰大型独立书店多米尼加书店开在十三世纪的原基督教多米尼加教堂之中。

马斯特里赫特因作为《马斯特里赫特条约》的缔结地而闻名世界。它位于荷兰东南部，毗邻比利时和德国，城市的历史可上溯到凯尔特时期。十八世纪末，法国革命军占领了荷兰，将其作为附属共和国，这座教堂被用作马厩，后来又陆续被用作消防署、音乐厅、拳击场、自行车车库等。

二〇〇〇年，马斯特里赫特市政府为使这座教堂得到有效利用，向民间企业征集方案，条件有二：一是修复被认定为历史建筑的教堂，二是将其改造为市民聚会的文化场所。

中标的企业是瑟莱克斯，它的企业目标是在独特的优秀建筑中开设大型书店，而且一直在寻找开设马斯特里赫特分店的场所。于是，该企业与市政府签订协议，二〇〇一年开始了大规模的修复和改建工程。

负责设计的是荷兰公司 Merkx+Girod。瑟莱克斯要求在占地面积七百五十平方米的教堂内辟出一千二百平方米的卖场，提议将书店建为两层，建筑师则坚持利用教堂内的广阔空间，最终在教堂的右半边空间设计了三层的“可攀登书架”，左半边保留了高高的天花板。此外，还在教堂正面的祭坛处设置咖啡馆。

改建充分考虑到保存历史建筑的完整性。“可攀登书架”由二十二根固定在地板上的柱子构成，并未在天花板和墙壁上凿洞，倘若书店关门，书架被撤走后也不会留下任何痕迹。仓库设在地下室，天花板上已经完全变黑的壁画也得到了修复。

二〇〇八年，英国《卫报》评出“世界最美书店 TOP10”，这家书店名列榜首，获得了“天堂制造”的美誉。之后，世界各地的参观者络绎不绝，常常可以看到手持设备在店内摄影的人。

这里更是深受当地市民喜爱。图书种类繁多，共二万五千余种。除了大众读物，还针对马斯特里赫特大学的研究者和学生开辟了学术书专区。此外，店里还会在星期天等节假日举办朗读会、音乐会、展览等，一年之中活动多达上百场。咖啡馆里，持有职业证书的咖啡师制作的正宗意大利咖啡尤其受欢迎。

二〇一四年，瑟莱克斯宣布破产，这家书店变成独立书店，重新开张。

马斯特里赫特的人口只有十二万，但多米尼加书店每年接待的客人高达八十万人次，成了荷兰入场人数最多的教堂建筑。

面积：1265m²/ 规模：50,000 册 / 创立：2006 年
类型：大众书、学术书
经营形式：大型独立书店

Ton Harmes

一九五一年出生于荷兰马斯特里赫特。在乌特勒支大学学习法律、经济、管理。三十二岁时，仍是学生的他被母亲要求“快点自己养活自己”，于是开始在书店打工，挣钱付学费。

店长：托恩·哈尔梅斯

这座教堂对马斯特里赫特的市民来说是个特别的地方。“二战”以后，在改造为书店之前，这里每年都会举行儿童狂欢节。在这个本地传统节日里，男孩女孩围成一圈跳舞，亲吻自己喜欢的人。二〇〇六年底书店开张时，从世界各地回来的本地人聚集一堂，兴奋地回忆当年在教堂里的初吻。“我的初吻就发生在那根柱子旁。”有人说。至于我的初吻，当然也在这个教堂里了，那时我十二岁，但我没和那个女孩结婚。

书店开张后，有人提议狂欢节继续在这里举行，但考虑到收拾书很麻烦，我们出资让活动方另找了场地。如今，谁都可以到这里来，在书店看书，喝咖啡，度过一段愉悦的时光。

修复改建工程留下了照片记录，教堂的历史资料也被整理出来，店里举办了以这座建筑的历史为主题的展览。我们致力于举办这类活动，希望人们关心这座被称为马斯特里赫特文化遗产的古老建筑。

我们书店的经营追求“文化氛围”，这与零售业注重购物体验的基本原则不谋而合。我们的目标是做一家客人愿意进来、愿意在这里买书的书店，而着力营造建筑本身的魅力，也是一种营销策略。

Boekhandel Dominicanen

Dominikanerkerk straat 1, 6211 CZ Maastricht, the Netherlands

Tel：+31 043 410 0010

http://www.boekhandeldominicanen.nl

dominicanen@gmail.com

周一：10:00－18:00/ 周二、周三、周五、周六：9:00－18:00/ 周四：9:00－21:00/ 周日：12:00－18:00/ 部分节假日休息

店员：林迪·菲德拉

一旦体验过我们书店特别的氛围，就会觉得“与其在网上买书，不如到这里逛逛”。对书店店员来说，这里的工作环境也很棒，每周都有三四个人申请来书店工作。

从开业起我就在这里工作。有人每天早上来这里喝咖啡，也有人每隔几天就来看看有没有新书，我常和他们打招呼，久而久之就成了朋友。我还负责策划、运营方面的工作，每次举办活动，都尽量吸引更多的客人，这也是一种提高知名度的手段。

我已经三十四岁。二十一岁时，我一边在大学攻读荷兰文学，一边在书店打工，自那以后就一直在书店当店员。起初我只是单纯地觉得被书包围非常幸福，后来逐渐体会到这份工作的乐趣。将自己喜欢的书推荐给客人，如果对方也喜欢，我就会十分开心。书店店员既要具备广博的知识，又要时刻关注社会热点，否则无法获得客人的信任，因此我经常阅读报纸。

我的理想就是举办更多更好的活动，让更多的人来参加，为社会做出更大的贡献；我还要把五岁的女儿和一岁的小女儿培养成为爱书之人。

比利时·布鲁塞尔

- Cook & Book
- Tropismes Libraires
- Passa Porta Bookshop
- Brüsel

Cook & Book

“厨 & 书”书店

Chronique
2010
VOYAGE EN GAULE
Le pilleur de tombes

如店名所示，“厨 & 书”是餐厅和书店的结合体。它在郊区的广阔空间中设置了图书区、餐厅和咖啡馆，风格不一。

“厨 & 书”位于沃吕韦－圣兰伯地区的文化中心。从布鲁塞尔市中心乘地铁二十分钟就能抵达。当初，文化中心的两栋建筑内有多个商铺招租，“厨 & 书”的店主夫妇决定将总面积一千五百平方米的建筑全租下来。

他们将宽广的空间分割为若干个独立的部分，打造出各具特色的区域。A、B 两栋建筑里设有多个厨房，五个用餐区交错在图书区中。

这家店由二〇〇六年设在 A 区入口处的童书和漫画区发展而来。原先周围办公楼的人只是来这里吃午餐，比利时电视台报道之后，来店人数骤增。加上布鲁塞尔市郊是高级住宅区，店址刚好位于郊区通往布鲁塞尔的入口处。受二〇〇八年经济危机影响，高级住宅区的居民不再外出旅行，开始选择在本地过周末，这里的客流量和销售额因此得以增长。

工作日的客人多是上班族，周末则以带着孩子的父母居多。刚开始，客人是冲餐厅来的，慢慢地，书的销量也增加了。卖书的策略之一，是餐厅和书店共用一个收银台，餐饮消费要到书店最深处的收银台付款。不少客人用餐后前往收银台结账的途中，会顺手买下一本书。

晚上八点打烊之后，场地有时会租给企业举行派对，其间收银台仍有人值班，以便客人买书。不同的区域情况不同，晚上售出的书约占总销量的六成。

只在咖啡馆或餐厅消费的人，只在书店消费的人，两者都消费的人，这三种客人的比例大致相当。餐厅的销售额比书店高，不过两者都在增长。店员总共五十人，其中三十五人在咖啡馆和餐厅工作，十五人在书店工作。每个图书区都有负责人，负责遴选和采购图书的工作。

店里出售法语书和英语书。布鲁塞尔的主要语言是法语，因此法语书很多，不过英语书也不少。欧盟的总部在布鲁塞尔，英语书可以满足欧盟及其相关机构中国际雇员的需要。

店前的广场名为“休闲时光广场”，夏天，书店会在广场上举行音乐会和观影会。在书店买书，在餐厅用餐，抑或在广场听音乐会、看电影。在这里，布鲁塞尔居民可以选择自己喜欢的方式度过“休闲时光”。这正是“厨 & 书”经营理念的独到之处。

面积：1500m²/ 规模：80,000 册 / 创立：2006 年

类型：漫画、旅行、美术、音乐、文学、实用、烹饪、童书、英文书

经营形式：综合独立书店 + 餐厅 + 咖啡馆 + 活动空间

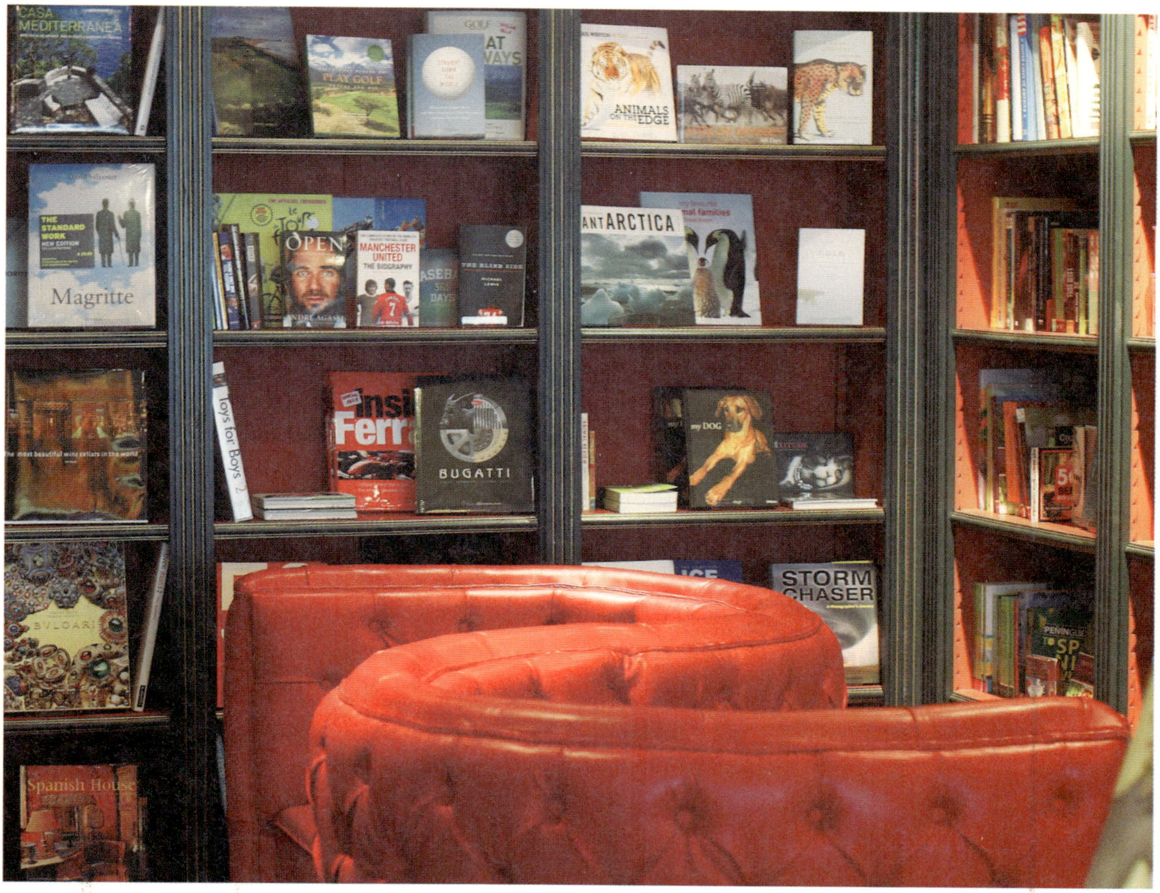
CASA MEDITERRANEA
PLAY GOLF
ANIMALS ON THE EDGE
Magritte
OPEN
MANCHESTER UNITED
THE BIOGRAPHY
ANTARCTICA
Toys for Boys 2
BUGATTI
my DOG
BVLGARI
STORM CHASER
Spanish House

BAN
RELIGION
Gilbert and George
Certify that

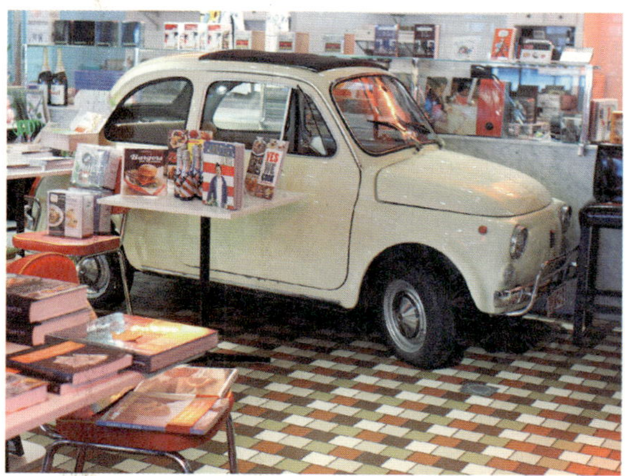

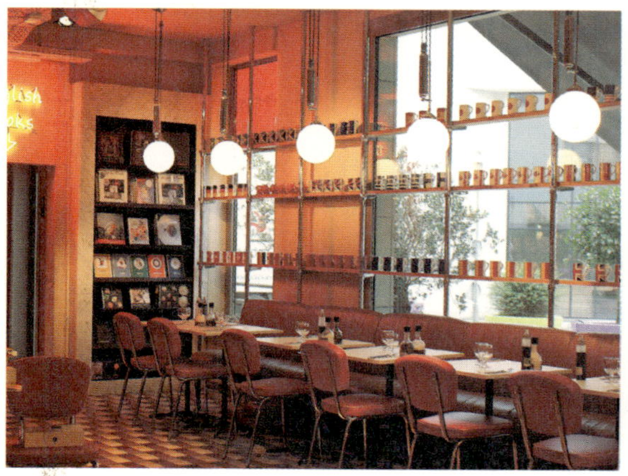

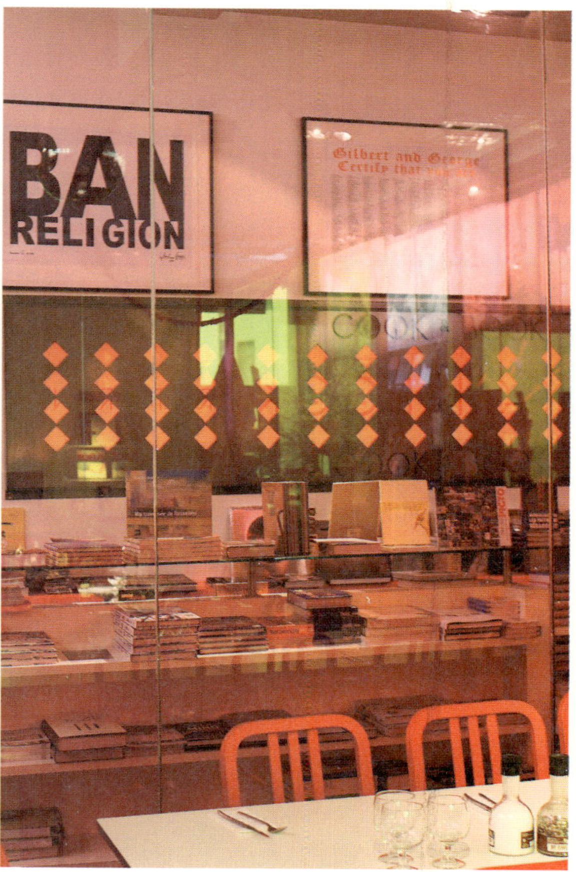

Déborah Drion

一九七七年出生于比利时布鲁塞尔。曾任律师，专攻民商法，二〇〇六年和丈夫塞德里克一起开设了“厨 & 书”。店内的设计和小饰物由夫妻二人共同挑选。店内员工已达五十人。

共同店主兼店长：德博拉·德里翁

我和丈夫塞德里克曾讨论过开一家小餐厅兼书店。二〇〇五年，我们发现了这个地方，心想干脆开一家大书店好了，于是创办了这家店。当时，银行提出反对：书店和餐厅是没有前途的行业，最好不要尝试。但我们还是在既没做市场调查也没打广告的情况下直接开业了。

之所以开这家店，是想让网络时代的人们来到室外，在这里发现惊喜。布鲁塞尔的人口有一百万，只有巴黎的六分之一，想成功做一家书店就必须具备强烈的个性。店内的装潢是我们夫妻共同决定的，家具和小装饰经过严格挑选。从巴黎购买的枝形吊灯、塞德里克过去的爱车菲亚特 500 都用作装饰，每个区域独具个性。在这里，不同爱好的客人都能找到自己喜爱的场所。无论是餐厅还是书店都严把质量关，这使我们赢得了许多回头客。

开店之前我是个律师，如今有时也做收银工作。经营实体店最难的是搜罗人才。每天从早到晚我都要守在店里。尽管每天从早上八点工作到晚上八点半，没有周末，我仍然非常兴奋，从未感觉厌倦。

店员：希尔凡娜·多姆兰

二〇〇六年书店开张时，文学与历史区的书都由我挑选。之后我就一直是这个区域的负责人，已经挑选了一万本书。

大学时我学新闻，毕业后当过编辑、自由文艺评论员，但苦于收入微薄，就跳槽到了这家书店。跳槽后唯一遗憾的是读书时间减少了。我们店兼营餐厅，主要收入来自餐厅，不过常客中有相当一部分是爱书人。

有些书尽管我自己不喜欢，也会留心推荐给适合的客人。阿梅丽·诺冬等知名作家的书不用推荐也卖得出去，其他新书我每月都得看十五本左右。

二〇〇一年从事文艺评论时，我开设了网站（www.critiqueslibres.com）。如今，它已成为最大的法语业余文艺评论网站。我相信，这样的网站能帮助年轻人养成读书的习惯。比利时城市规模小，到书店买书很轻松，电商用户没那么多。不过，今后读者与书的关系肯定会发生改变，我有一个两岁的女儿，我很想知道她们这代人会成为什么样的读书人，到那时书店的形态也会发生相应的变化吧。

Cook & Book
Place du Temps Libre 1, 1200 Sint-Lambrechts-Woluwe, Belgium
Tel：+32 (0)2 761 26 00
http://www.cookandbook.be
deborah@cookandbook.com
A 区（漫画、童书、旅行、美术、音乐）
周一至周三：8:00 – 23:00/ 周四至周五：8:00 – 24:00
周六：9:00 – 24:00/ 周日：9:00 – 22:00
B 区（文学、实用、烹饪、英文书）
周一、周二、周三、周四、周六、周日：10:00 – 20:00
周五：10:00 – 22:00/ 部分节假日休息

Tropismes Libraires

托罗皮斯姆书店

LITTERATURE

FRANCAISE
POÉSIE
LITTÉRATURE BELGE
La Scène
HUMOUR
LITTÉRATURE

面积：800m²/ 规模：60,000 册 / 创立：1984 年
类型：文学、艺术、人文科学、旅行、烹饪、漫画、童书
经营形式：综合独立书店

托罗皮斯姆书店可以说是世界上最美的书店。书店店员个性独特、经验老到，赢得了“欧洲首都”读书人的一致信赖。

美丽的圣赫伯特拱廊街位于布鲁塞尔市中心，天花板由玻璃拼成；拱廊街上有一幢美丽的建筑，建筑内部的墙上镶着镜子，竖立着装饰性廊柱，这就是托罗皮斯姆书店。这里最初是一家舞厅，上世纪六十年代，爵士、蓝调俱乐部纷纷进驻。一九八四年，托罗皮斯姆书店在此开业。当时，店长德·梅乌斯在布鲁塞尔郊区经营着一家优质的精品书店，在喜爱读书的布鲁塞尔市民中相当有名。通过行业协会，她结识了一批同行，大家都觉得应该开这样一家书店：不仅卖新书，也卖堪称“文化遗产”的旧书，于是以共同经营的形式创办了这家书店。

“开业时举办的鸡尾酒会在布鲁塞尔文化界可算一件大事。”从那时起就在店里工作的资深店员回忆道。最让人感慨的是，店员和客人涵盖不同的年龄段。中老年客人越来越多，以大学生为主的年轻人当然也会来。

这家店最重要的区域是一楼的文学区。书架上只陈列被认定为“高水准”的书，新书都平放着展示。按内容可分为法语原著和法语译本。书店还摆放着畅销的英国文学原版书，剧作等面向特定读者的图书也很丰富，因此常有大学生和相关研究者来店里搜寻专业书。

哲学区的客人分为两类：一类是具备专业知识来找特定书的学生和大学教授；另一类是偶尔想读哲学书的人。不论哪一类客人，都相信“在这家店能买到想要的书”。此外，店员推荐和销量不错的书，不管装帧设计如何，都平放着展示。书店注重将好书放在显眼的地方，引导客人去发现。

这家书店还占据附近杜·洛瓦拱廊街的两层，经营童书，以及艺术、音乐、电影等文艺书，种类丰富，颇有名气。许多来这里买绘本的客人都是绘本迷，他们不是给孩子买，而是为自己挑选，有些还是设计、艺术专业的学生，因此书店对书的品质从不放松。

托罗皮斯姆书店还会举办作家签售活动。上世纪九十年代之后，书店得到欧盟资金的支持，有能力邀请法国、比利时之外的著名作家了。将书店打造为读者和作家交流的场所，也是开店之初的理念。

书店深受文化圈青睐，但门槛并不高。它位于市中心，星期天照常营业，在推理小说区还设有可免费使用的咖啡机，一直努力为客人营造舒适的环境。

共同店主兼店长：布里吉特·德·梅乌斯

最让我骄傲的是我们的店员，他们对所负责区域的图书了如指掌。二十五个店员都是老员工，其中五人负责全面运营，其余二十人都有各自负责的区域。我们书店文学类图书的品种最齐全，艺术、哲学、社会科学、童书等分区也安排了最了解相应领域的店员负责。选书的标准是“能让自己主动与读者分享好奇心和热情的书”。

大多数客人是爱书人，也有不少客人是看到书评后专为某本书来的。我们店因能以最快的速度采购外国的图书而广受好评，这方面的订单非常多。

我本以为网上书店的冲击会立刻到来，不想却花了十年时间。网上书店提供免费送书服务，这对我们这种实体书店是相当严峻的挑战。毫无疑问，电商改变了消费者的购书观念。因此书店店员的重要性愈发凸显。有人认为“电商的品种非常丰富，实体书店无法与之抗衡”，但在托罗皮斯姆，我们能为你找到比你想要的还要好的书。我相信在这一点上，我们比电商做得好。

Brigitte de Meeûs

一九四五年出生于比利时布鲁塞尔，曾在大学学习哲学和文学，因对教育制度怀有质疑，决定通过读书来加深修养。从一九六五年开始在布鲁塞尔的书店工作。一九七四年在布鲁塞尔郊区创立自己的书店。一九八四年与朋友共同创立了托罗皮斯姆书店。

Tropismes Libraires
Galerie des Princes 11,1000 Bruxelles, Belgium
Tel：+32 (0)2 512 88 52
http://www.tropismes.com
info@tropismes.com
周一：13:00 – 18:30/ 周二至周四：10:00 – 18:30/ 周五：10:00 – 19:30/ 周六：10:30 – 19:00/ 周日：13:30 – 18:30/ 部分节假日休息

店员：玛丽阿涅斯·赛尔维

有一天，一位相熟的女士来店里问：“我要去度假一周，有没有好书推荐？”遇到这样的客人，我每次都在内心真切地感谢他们对书店店员的信任。

受到爱书的父母影响，我从小只要有空就会读书，书是我的第二层皮肤。我包里常放着三本书，公交车上也好，医院候诊室里也好，随时随地都能阅读。我在小书店做了六年店员，托罗皮斯姆书店开业时，便来了这里工作。工作中，通过阅读积累的知识帮我解决了许多问题。

我会毫不迟疑地将自己喜欢的书推荐给客人，对那些一开始就不喜欢、看到中途就放弃的书，我也实话实说。有客人会说“第三章就有趣起来了”，但我不喜欢逼自己读看不下去的书。

法国作家达尼埃尔·佩纳克倡导的“读者的十项权利”中，第一条就是“不读的权利”。尽管稍显极端，但正是这样的自由让人们愿意阅读，守护阅读的自由也是书店店员的重要工作。

我希望客人能够享受在书店凝望书籍那一瞬的快乐。虽然是做生意，让客人买书固然重要，但绝不能强行推销。客人今天什么都没买，但也许下次来时就能遇到自己喜欢的书了。

Passa Porta Bookshop

帕萨波尔塔书店

帕萨波尔塔书店里的荷兰语书应有尽有，这在布鲁塞尔难得一见。此外，这家书店倡导“在家一样的环境中，让读书成为日常”。

帕萨波尔塔隶属于被誉为“国际文学馆”的半官方组织“文学之家”。店中陈列有多种语言的图书，荷兰语的占百分之六十，法语的占百分之二十五，英语的占百分之十二，德语的占百分之三。

在布鲁塞尔的一百万人口中，以荷兰语——在当地被称为弗拉芒语——为母语的市民只占百分之十，在比利时全国则高达百分之六十左右。二〇〇五年年仅二十七岁、创立这家店的店长贝卡特就来自荷兰语圈。

帕萨波尔塔的装潢陈设经过多次改进。负责内部装潢的是建筑师米克·斯梅特先生。为了突出图书本身，店内选择了黑色家具，又考虑到这会造成店内光线昏暗，便在天花板四周新增了照明设施。

店内播放着爵士、古典等音乐，音量极低，只有凝神细听才能听见。如果太过安静，客人就不敢出声。这里毕竟不是图书馆，其理念是让客人在家一样的环境中看书。

基于这样的理念，客人进门时，店员都会问好。店内各处摆放着桌子、沙发、椅子，还有不少报纸。客人可以免费享受咖啡和茶，悠然自得地看书。

经济危机爆发后，店里的客流量和销售额反而增加了。二〇〇八年的销售额比上年增长百分之四十，二〇〇九年和二〇一〇年的增长率分别是百分之二十和百分之六，销售额持续缓步增长。卖得最好的是关于当今形势、国际社会和经济的书，越来越多的人开始在书中寻求报纸和电视无法探讨的问题和答案。

荷兰语图书在布鲁塞尔流通范围不大，在别的书店，下单后往往要等一段时间才能到手，但这家店与出版社关系密切，寄送速度要快许多。书店还提供礼品书包装、以书易书等服务，广受欢迎。

书店向爱书人发放了约一百张会员卡。这些会员平均年龄三十岁，男女各半，其中有六成说荷兰语。有孩子的客人非常看重荷兰语童书，因此书店考虑增加面向零到十岁儿童的书。文学和非虚构部门则会根据当前畅销的类型实时调整。

店里每年要举办大大小小一百五十场活动。参加晚八点以后活动的客人会获得五欧元优惠券，这能促进书的销售。书店每年举办的文化节“帕萨波尔塔节”，参与者多达五千到一万人。许多母语非荷兰语的人也会参加。

这家书店满足了占这个城市少数的荷兰语读书人的需求，也深受追求另类书店的人士喜爱。

面积：200m²/ 规模：25,000 册 / 创立：2005 年
类型：文学、非虚构、摄影
经营形式：第三部门*多语种书店

＊编注：The third sector，以公益为目的的志愿机构。

passa
porta
bookshop
fr
de

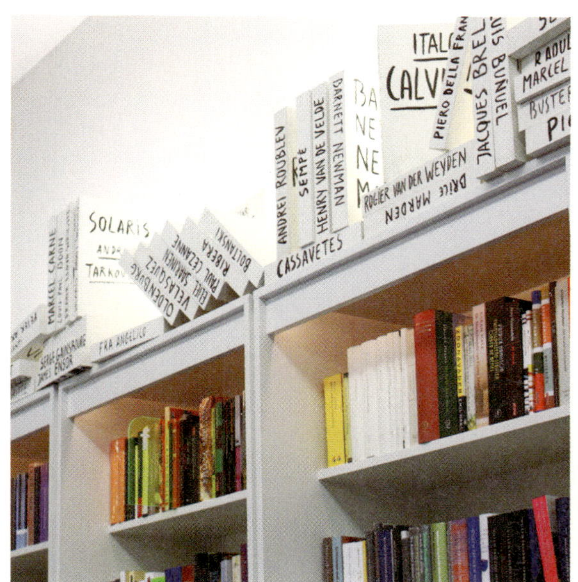

SOLARIS
CASSAVETES
ANDREI ROUBLEV
SEMPÉ
HENRY VAN DE VELDE
BARNETT NEWMAN
ROGIER VAN DER WEYDEN
BRICE MARDEN
JACQUES BREL
LUIS BUÑUEL
MARCEL CARNÉ
PAUL CEZANNE
VELASQUEZ
OLDENBURG
RIBERA
BOLTANSKI
FRA ANGELICO

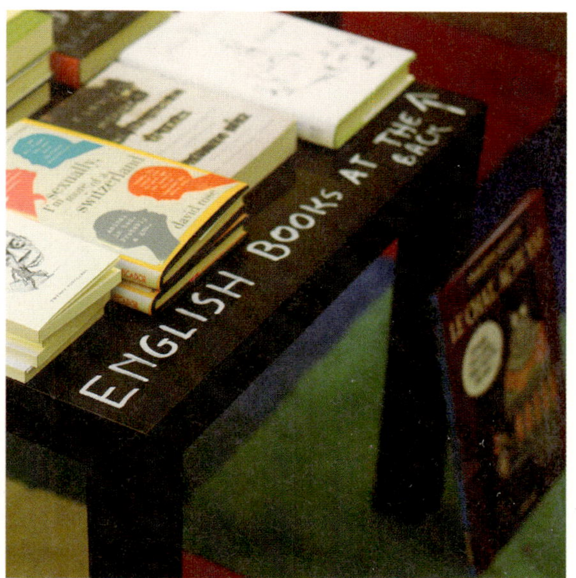

ENGLISH BOOKS AT THE BACK

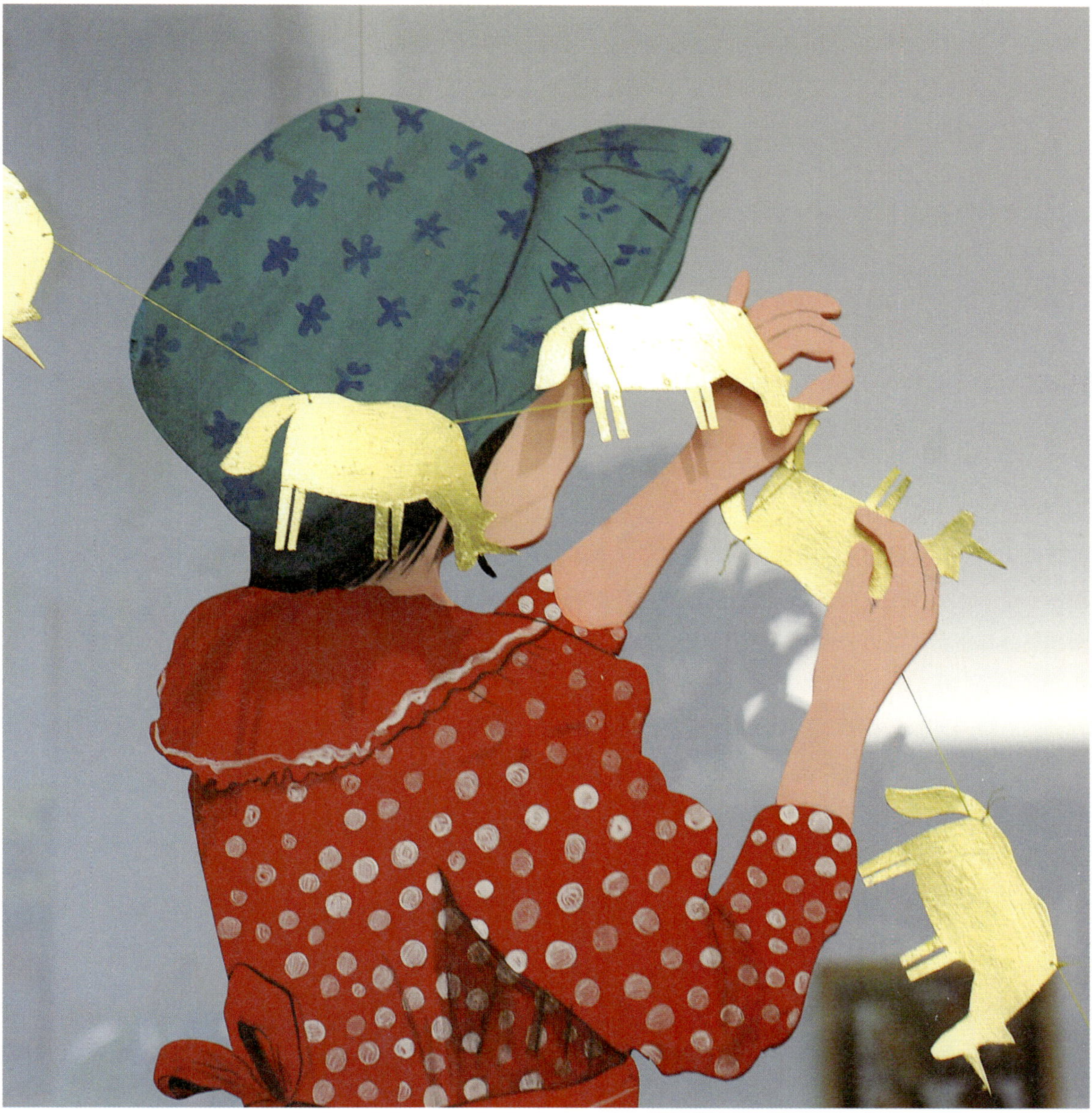

店长：卢多维克 · 贝卡特

十六岁时，我开始考虑将来要做作家和读者之间的桥梁。十九岁时，就有了当时还没出现的开带咖啡馆的书店的设想。在家乡附近根特的书店打工时，我开始对“单纯把书当商品卖”产生质疑，越发渴望开一家全新的书店。那时，我刚好来在鲁塞尔参加文学活动，突发奇想要在这里开一家具有比利时特色的多语书店，于是就有了现在这家店。

我们的选书标准是“优秀作家、优秀出版社的作品和其他好书”，这样才能实现书店的文化责任。荷兰语的书由我负责，其他语种的书则由不同母语的店员负责挑选，摄影集的挑选归本职为摄影师的店员。我最开心的事是客人认可我推荐的书。为了选出紧跟时代的书，我经常阅读报纸杂志。我的目标之一是成功应对数字化时代的变化，不过具体方法还在摸索中。

刚开店时，所有事情我都亲力亲为，后来我雇了四个店员。家人都反对我开书店，觉得“现在大家都不读书了”，但人们逐渐接受了我们店倡导的“让读书成为日常”的理念，我由衷地感到骄傲。

Ludovic Bekaert

一九七八年出生于比利时西北部的东弗兰德省。十八岁进入鲁汶大学学习美术史，后转学至东弗兰德省省会根特的大学。二十三岁至二十七岁间在根特多家书店工作，后来不顾周围人的反对，开了帕萨波尔塔书店。

Passa Porta Bookshop
rue A. Dansaertstraat 46, 1000 Brussels, Belgium
Tel：+32 (0)2 502 94 60
http://www.passaporta.be
info@passaportabookshop.be
周一至周六：11:00 – 19:00/ 周日：12:00 – 18:00

店员：斯泰恩·比克曼

我的主业是摄影，二〇〇九年开始在这家店做店员。十八岁上大学后，我就开始在不同的书店打工。这里的空间布局令人心情舒畅，文学、哲学、摄影等各类好书一应俱全，客人也多是博学而有趣的人，和他们聊天可以受到很多启发。在这家活力四射的书店工作很有意义。

作为店员，为了能给客人提供好的建议，我常去别的书店取经、阅读书评专栏、增加相关知识，同时对事物保持旺盛的好奇心。客人问的多是文学书。对于新书，所有店员必须分头阅读、交换心得。如果客人特地来我们店寻找某本书，无论多么珍稀，我们都会竭尽全力采购回来。

书店的入口在长廊深处，环境幽静，没来过的人很难找到。于是，我们在长廊中设立招牌，吸引了更多的客人。在营造家一样私密惬意的环境和方便入内这两者间取得平衡相当不易。

我负责挑选摄影集，今后打算进一步充实摄影集的品类。将来我希望成为职业摄影师，在这里能接触到优秀的摄影集，对我来说大有裨益。

Brüsel
布鲁泽尔书店

在法国，漫画被称为“第九艺术”。在《丁丁历险记》的诞生地比利时，有家专营漫画的书店——布鲁泽尔书店，这里聚集了大批成熟的读者。

书店名字“布鲁泽尔”，来自比利时漫画家、建筑师弗朗索瓦·斯奎腾批判布鲁塞尔城市规划的同名作品。书店的内部装潢也受该作品启发，充满奇幻色彩，斯奎腾本人作为顾问参与了店内设计。墙上饰以古老砖块，金属构件从墙中伸出，体现了传统与现代交锋的设计理念。

作为专注漫画的独立书店，布鲁泽尔的经营宗旨是向客人提供具有阅读价值的优质漫画。为了连接出版社、作家和读者，书店与出版社保持着密切联系，八个店员分别负责不同区域的图书挑选和库存管理工作，此外，店内还经常举办作家签售会等活动。

入口附近的书架和书桌上摆放着新书和促销商品。以法国和比利时漫画为代表的欧洲漫画、美国漫画、地下漫画、儿童漫画，每个种类既有畅销作品，也有来自小出版社不为人知的佳作，两者保持平衡。除了漫画，书店还设有街头艺术、平面艺术、肖像艺术等图书区。

日本漫画位于收银台旁，是店里的热销品。这家书店最受欢迎的作家是谷口治郎，他深受欧洲漫画影响，画风朴实无华，由此可见这里的客人大都比较成熟。

书店二层是画廊，常举办个人作品的原画展或海报展。有时也举办漫画文化的推广展览，主题多样，比如“漫画是如何制作出来的”。画廊举办活动时，媒体会报道，同时也为书店做了宣传。

布鲁泽尔书店位于布鲁塞尔的商业中心。客人以二十五到四十五岁的男性为主，附近办公楼的职员和欧盟的工作人员会在下班路上顺便来书店逛逛。许多漫画都是系列作品，一旦开始阅读就得持续购买，因此店里有不少常客。

常客中有人专门收集某一类型的漫画，比如有某种型号的飞机登场的漫画，背景设在某一特定时代的漫画等。为了满足这些收藏者的需求，书店会从每年出版的四千五百种法语漫画中，选出可能吸引收藏者的作品，尽数采购回来。

店员除了不断认真地更新书的品种，每天还要用专业的眼光研究哪些作品可以推荐给客人，满足老顾客的期待。布鲁泽尔书店已经开了二号店，今后还打算开更多家分店。

面积：300m^2/ 规模：10,000 册 / 创立：1994 年

类型：漫画、插画、艺术

经营形式：漫画专业独立书店 + 画廊

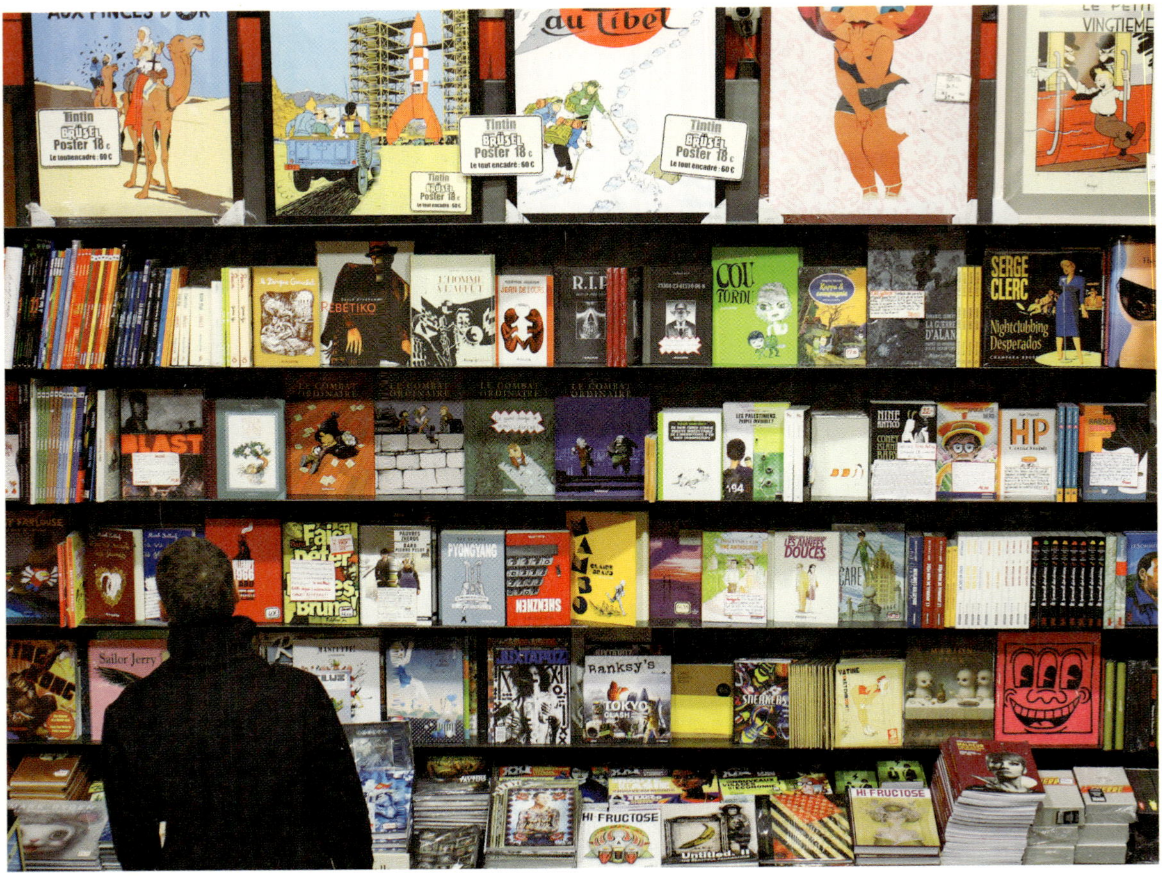
Tintin
BRÜSEL
Poster 18 €
Le tout encadré : 60 €
au Tibet
SERGE CLERC
Nightclubbing
Desperados
LE COMBAT ORDINAIRE
PYONGYANG
SHENZHEN
LES ANNÉES DOUCES
Sailor Jerry
Banksy's
TOKYO CLASH
HI FRUCTOSE
Untitled

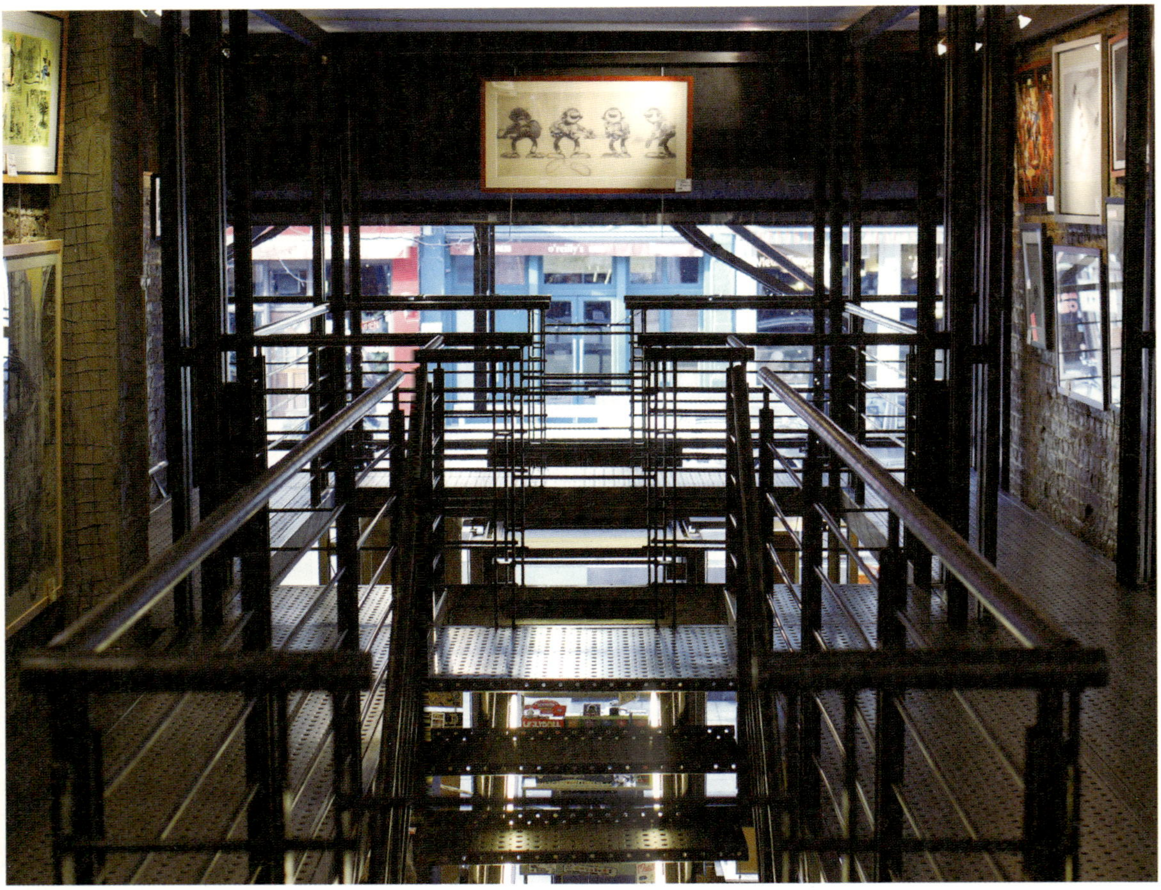

JACQUES MARTIN
LE MYSTÈRE BORG
LE PETIT
VINGTIEME
NOGEGON
BELGOTMON
BELGOTMON

Driss Kasri

一九七二年出生于比利时布鲁塞尔。学习平面设计后做过许多兼职，后来应弗雷德里克先生邀请到布鲁泽尔就职。负责展会和活动策划、书店网站设计、图书资讯发布等工作。

副店长：德里斯·卡斯利

十五岁时，我和弗雷德里克·隆斯是同学，他从中学时代起就开始收集各种漫画。后来机缘巧合，我进入他的书店工作。

漫画是一种文化，像电影一样，有着五花八门的故事和风格，其中一些作品能得到读者的普遍喜爱。漫画是比利时成人文化引以为傲的一部分，我们店兼收并蓄，展示了漫画的多样性。店里有许多常客，这让我觉得工作起来很有意义。有时候，客人还会向我们推荐在其他书店无法买到的优秀漫画作品。

漫画是故事与图像的综合体。封面暗淡、绘图拙劣、没有视觉冲击力的作品很容易让客人敬而远之。当然，其中也有一些是被埋没的优秀作品，介绍这样的作品尤其有价值。

我们店非常重视与客人的交流，客人也会将读过的好作品推荐给我们。新书出版时会举办活动，其他时间作家也常来做签售。作家签名书是我们店的热门商品之一。

策划展览，为客人提供建议，采购并陈列新书，我们希望通过这一系列手段，打造出一流书店，让读者由衷地感叹：“来到这里真好！”

Brüsel
Boulevard Anspach 100, 1000 Brussels, Belgium
Tel：+32 (0)2 511 08 09
http://www.brusel.com
info@brusel.com
周一至周六：10:30 – 18:30/ 周日：12:00 – 18:30

店员：艾法·达乌

我高中时喜欢日本漫画，常来书店，和店长他们是老朋友了。十八岁时，我递交简历应聘，店主看中我在漫画方面的积累，同意我来打工。二十四岁时，我是商学院的学生，已经在这里工作了六年。同事大多是年轻人，充满活力。我已迎来最后一个学年，但我觉得自己是布鲁泽尔这个大家庭的一分子，今后即便有了正式工作，也会来这儿帮忙。

对书店店员来说，最重要的三件事是：真心对待客人，向客人提出准确的建议，赢得客人的信任。因此店员必须有自己的想法。为了能让客人“想看这本书”，就得和他们建立朋友般的关系，然后告诉他们“这本漫画很有趣”。为了使客人愿意待久一点，营造温暖惬意的店内氛围十分重要，这样也能吸引客人再次光顾。此外，签名活动和库存管理等业务也需要经营，这就要求店员具备较强的事务处理能力。

我的梦想是，运用在这里积累的经验开一家艺术专业书店，并囊括文学等门类。传统书店正在衰退，但绝不会消失。从文化传承的意义上讲，实体书店今后还将发挥巨大的作用。

美国 · 纽约

- Idlewild Books
- McNally Jackson Books
- Rizzoli Bookstore
- Greenlight Bookstore
- PowerHouse Arena

Idlewild Books
爱德怀德书店

爱德怀德书店为梦想环游世界的人开启了一扇大门。在这里，你可以手持观光指南和外国文学，张开想象的翅膀，驰骋于梦中的目的地。此外，外语教室也是这家书店的特色之一。

曼哈顿过去也有类似东京神保町的旧书店街。以第五大道的二十三街为中心的区域被称为“熨斗区”，这片区域附近至今保留着不少书店，比如Books of Wonder，以及美国最大连锁书店Barnes & Noble的一号店。除了书店，出版社也鳞次栉比。熨斗区得名于二十三街的一座古老建筑：熨斗大厦。霍尔茨布林克出版集团旗下的圣马丁、麦克米伦等出版社就在这座建筑里办公。

很少有人知道爱德怀德书店名字的由来。它来自纽约的门户约翰·肯尼迪国际机场的旧名，这座机场在一九六三年以前，一直叫作爱德怀德机场。爱德怀德书店内摆放的彩绘玻璃器皿和椅子，就是从爱德怀德机场接收过来的。

从书店标志和店内随处可见的地球仪等主题装饰品可以看出，这家书店的目标读者是想要环游世界的人。书店设于临街的两层建筑内，除了卖旅行书，每周还在靠里的房间开设外语教室。美国人认为英语到哪儿都管用，因此大部分人的外语能力很差，大家聚在这里可以学习西班牙语、法语、意大利语。

进入书店，首先映入眼帘的是摆满收银台周围狭窄空间的旅行用品。印有书店标识的手提袋很大，足够旅行使用。天花板很高，这让书店的空间比其他路边店显得宽敞很多。

书店橱窗后面摆着一座状如地球仪的灯。一到夜里，朗读会、出版派对之类的活动就在“地球仪灯”下举办。读者俱乐部也在这里聚会。活动上，书店根据当月的主题选出一本书，读者们围绕这本书交流感想。像这样，书店为热爱旅游、对异国文化感兴趣的客人创造了交流空间。

外语教室的房间里摆放着几把椅子，并不拥挤，读者可以自由挑选喜欢的书。店内陈列着不少西班牙语和法语书，这在小书店中十分罕见，成为爱德怀德的特色之一。书店的宗旨是：待在家里就能环游世界。倘若想去巴黎度假，欢迎你来这里买一本巴黎旅行指南、翻翻兰波的诗集、看看纪德或普鲁斯特的经典作品、挑战一下勒·克莱齐奥的法语原版书。

面积：93m^2/ 规模：9500册 / 创立：2008年
类型：旅行、游记、文艺、外国图书
经营形式：旅行专业独立书店 + 外语教室

THE ASIATICS
FREDERIC PROKOSCH
THE GIRL ON THE FRIDGE
ETGAR KERET

BOOK CLUB
A New York Times Notable Book Of The Year
Jane Gardam
Old Filth
Europa editions

All my friends are dead.
CHRISTOPH NIEMANN
I ♥ N.Y.
HOW TO BE AN EXPLORER OF THE WORLD

Pero espérame,
guárdame tu dulzura.
Yo te daré también
una rosa.

Idlewild Books
12 West 19th Street, New York, NY 10011, USA*
Tel：+1 212 414 8888
http://www.idlewildbooks.com
周二至周四：12:00－20:00/ 周五至周日：12:00－18:00

店主兼店长：戴维·德尔·维基奥

每年来纽约的游客高达四千五百多万人，纽约人会接触到不同国家的人，自然也想去别的国家看看。

“开这家店前，我是联合国的雇员，从事人道主义相关读物的出版工作，到世界各地传递联合国的人道主义理念。我非常喜欢读书和旅行，因此对这份工作乐在其中。最后，我决定将这两种兴趣更好地结合起来，做点自己的事情。”德尔·维基奥先生腼腆地笑着说，笑容背后隐隐透露出经营书店的艰辛。

“我不是在做书店，而是在为想去海外旅行的人提供咨询。”德尔·维基奥先生说。他每天下午都会到店里上班。无论哪个国家，他都能提供各种建议，从签证信息到风土文化。他还可以为你打印一份清单，列出那个国家的作家与相关图书。

书店的客人来自世界各地。“有些客人听说我们店后，特地将它列入观光行程。不过绝大部分客人都是纽约本地人，他们一聊到去了哪个国家或下次要去什么地方就滔滔不绝，”店长说，“但客人们并非都想真的去旅行。那些不愿外出、渴望在想象中环游世界的人也会来店里。和各种各样的客人聊天是我最快乐的事。我竭尽所能为客人推荐合适的书。纽约人经常旅行，很多时候反而是我从他们那里学到了东西。”

对于想开书店的人，店长给出了自己的建议：“如果什么知识都没有就闯入这个行业，风险会很高。我自己曾在纽约和旧金山的独立书店工作过一年，没有那时候的经验，也不会有今天的爱德怀德。”

“能引人深思的书决定着书店的未来。如今的时代，电子书和网上书店迅速崛起，实体书店要想成功，只能控制规模、发展特色。只有在这样的店里，客人才能发现网上找不到的书。另外，店里还会邀请各路嘉宾举办丰富多彩的活动，这个空间如果只用作图书的卖场，不是太可惜了吗？”

关于经营书店，德尔·维基奥先生唯一遗憾的是“经营书店实在太忙，我根本没工夫去悠闲地旅行。真该趁年轻时多出去转转。”

David Del Vecchio
二十多岁时游历欧洲各国，三十多岁时在联合国负责宣传工作，往来于非洲和南美洲的难民营。四十多岁时考虑转行，想到了做书店，于是辞掉了联合国的工作，仅仅两个月内就开了爱德怀德。

---

*编注：二〇一六年五月之后，爱德怀德书店迁至170 7th Ave South, New York, NY 10014, USA。

McNally Jackson Books
麦克纳利·杰克森书店

麦克纳利·杰克森书店位于游客如织的苏豪区一角。店面整洁，并无出奇之处，却让人感觉舒服，纽约人很喜欢来这里。

曼哈顿的苏豪区因质朴厚重的建筑而闻名，这些建筑有着十九世纪末工业革命时代的铸铁外壁，这里因此曾被称为"铸铁区"。绕过繁华的百老汇街，沿古老的圆石道直走便能找到麦克纳利·杰克森书店。

书店入口旁贴着一张小纸片，写着"本店是地方生意，请给予大力支持"。这句话表明书店不能只依赖过路客人。虽说是城市区域书店，如果只受当地人欢迎，生意照样不好做。只有实实在在地卖出书，书店才能生存。

在亮堂的店内转一圈，会发现无线网络覆盖的咖啡区。咖啡区顶部的书形灯相当抢眼，壁纸是由一张张书页拼贴而成，店主的品位便体现在这些细节中。收银台后面挂着一辆老式自行车，它不仅是装饰，也为了宣传店里的送书上门服务（限书店附近），让人想立即下单，看店员会不会真骑着这辆自行车把书送来。

店内中央的平台上摆放着从世界各地引进的摄影集。其中，日文原版的日本住宅和商业设计图册，以及身着原宿流行服装的女高中生写真集十分醒目。

一层靠里的角落里陈列着大量外版文学书。在美国其他书店，这种书只会象征性地摆上一两本。对于畅销书，店主认为它们在别处可以更便宜地买到，干脆就没有摆放。

椅子和家具全部选用旧器物，给人独特的舒适感。不过，店里购入了一台按需印刷机，与充满复古气息的书店环境和商品形成极大反差。这台先进的机器能根据读者需要当场制作图书。下载客人指定的文档，加上胶印的封面和封底，机器会刷刷刷地制作出一本平装书。

地下一层空间广阔，氛围静谧，令人心情放松。温暖的光晕渲染出浓郁的书卷气息，古老的打字机作为装饰品被随意摆放在店内。这里的童书区虽然不大，却配有许多漂亮的玩具。

店主充满情调的设计为书店带来人气。《格兰塔》《巴黎评论》《n+1》等文学杂志的总部都在纽约，每出新刊，就会在店内举行发布会，读者和作者手持酒杯交谈，简直就是现代的文学沙龙。

面积：650m^2/ 规模：60,000 册 / 创立：2004 年
类型：文学、摄影、童书
经营形式：独立书店 + 按需印刷服务 + 咖啡馆

DOWNSTAIRS
TRAVEL

Non-Fiction
Art and Activities

IDEAS
RELIGION
INSPIRATION
IDEAS

FREE, SAME-DAY
BOOK
DELIVERY

MYSTERY
notable, new, or recommended
THE DEVOTION OF SUSPECT X
KEIGO HIGASHINO
The Case of the MAN WHO DIED LAUGHING
Tarquin Hall
WINTER'S BONE
TOM CLANCY
ROBERT CRAIS
TANA FRENCH
FAITHFUL PLACE
DEAN KOONTZ
what the night knows
COLLUSION
STUART NEVILLE
HILARY DAVIDSON
THE GHOSTS OF BELFAST

McNally Jackson Books
52 Prince Street, New York, NY 10012, USA
Tel：+1 212 274 1160
http://mcnallyjackson.com
info@mcnallyjackson.com
周一至周六：10:00 – 22:00/ 周日：10:00 – 21:00

Sarah McNally
一九七五年出生。将父母在加拿大的麦克纳利·罗宾森书店托付给妹妹后，经由柏林来到纽约。此后数年在珀尔修斯图书出版集团从事编辑工作。为了能将更多的书呈现给读者，她开起了书店。

共同店主兼店长：萨拉·麦克纳利

萨拉的父亲在加拿大多伦多经营一家名为麦克纳利的书店。十三岁起，她就每天泡在书店读书。毕业后，她在父亲的书店里做了一阵帮手，后来为找一份出版社的工作来到纽约。但她并不想成为做书的工匠，她骨子里是个商人。“书店是我最熟悉的行业，因此我决定开一家书店，但我还想尝试其他不同的行业。”萨拉神采奕奕地说，“如果只想挣钱就别开书店，做这份工作，必须对书充满爱和热情。”萨拉可以说是倾注了百分之百的爱和热情，她购入图书全靠自己的判断。美国没有图书自动配送系统，如果不自己购入，书架上就会空空如也。

“有孩子后，我开始挑选童书。我不确定自己有没有能力指导店员，因此所有选书工作我都亲力亲为。”萨拉就是这样责任心极强的人。不过最后，她还是找到一个强有力的帮手，共同店主克里斯·杰克森先生。杰克森先生是斯皮格尔与格劳出版社的编辑。书店之前叫“麦克纳利·罗宾森”，萨拉与杰克森先生结婚之后，店名就改成了“麦克纳利·杰克森”。

Rizzoli Bookstore
里佐利书店

电影《坠入情网》中，梅丽尔·斯特里普和罗伯特·德尼罗在里佐利书店相遇。店里洋溢着浪漫的气息，正像是一段浪漫故事开始的地方。

第五大道上，路易威登、梵克雅宝、哈利·温斯顿等奢侈品店鳞次栉比。附近的五十七号街上，坐落着雅致的联排洋房。一九八五年里佐利书店搬来之前，这里是大钢琴陈列室。在这条街上，还有施坦威钢琴展馆和高级乐器店，街角耸立着音乐殿堂“卡耐基音乐厅”。在既没有电气又没有汽车的十九世纪，纽约上流社会的娱乐就是听家人演奏钢琴。置身里佐利书店，仿佛回到了那个古老又美好的时代，堪称奢侈的享受。透过临街的大窗户向店里望，能看到大枝形吊灯和壁式烛台，这些古老的照明器具都是从一九六四年开店的第五大道老店里搬来的。

里佐利书店最大的特色是拥有众多大型摄影集。厚重豪华的艺术书籍，让这里有种美术馆的派头。

今天，我们可以在网上书店试读后再决定是否购买一本书。但很多艺术书的细节无法在网上获知，比如用的是什么纸，颜色呈现出怎样的效果，书有多厚又有多重等，这些细节只有到书店才能确认。

这家书店还有一个特色，就是其他书店没有的欧洲报纸杂志这里也一应俱全，尤其是法国和德国的杂志。无论是欧洲游客还是定居纽约的欧洲人，都对这家书店情有独钟。奥斯卡金像奖最佳男配角迈克尔·凯恩只要入住附近的酒店，就会到书店询问：“《每日电讯》到了吗？”然后在店里买他平时在英国阅读的报纸。

这家书店的客人里，有来第五大道购物的游客，有在市中心上班的职员，还有当地的居民，其中许多来自欧洲。甚至有人拖着行李箱来店里寻找自己国家的读物。

长期以来，里佐利书店在纽约只有一家门店。后来，应意大利厨师马里奥·巴塔利的邀请，在市中心的意大利美食超市“Eataly”内开了一家占地不大的分店，主要经营意大利各地美食的摄影集等烹饪类图书。

面积：1500m²/ 规模：8500 册 / 创立：1964 年
类型：摄影、艺术、文学（欧美语言）
经营形式：意大利出版社经营的书店

ANTARCTIC
HERITAGE
SOUTH AFRICA
THE TRAVEL BOOK

Paladino
DALI
EXIT

GALLIA
PARROTS
ARAB ART
75 YEARS
DC COMICS

FASHION BOX
La Cuisine
Manet
NAKED
THE NUDE IN AMERICA
THE CENTURY OF MODERN DESIGN
ZAGAT

Alan Jones
LEO CASTELLI
L'italiano che inventò
l'arte in America
introduzione di Gillo Dorfles
Ritratti e autoritratti
di design
Si parla
troppo
di silenzio
Foto
dal finestrino
Alan Bennett

Rizzoli Bookstore
31 West 57th Street, New York, NY 10019, USA *
Tel: +1 212 759 2424
http://www.rizzoliusa.com
周一至周五：10:30 – 20:00/ 周六：12:00 – 20:00/ 周日：12:00 – 19:00

Gary McElroy
一九五四年出生，在美国得克萨斯长大。大学专攻美术史，毕业后在芝加哥从事建筑方面的工作。一九七八年开始在芝加哥的里佐利书店工作，后成为店长。一九八二年，被调往纽约分店工作，二〇〇七年成为店长。

店长：加里·麦克尔罗伊

“除了《坠入情网》在我们店取景，彼得·博格丹诺维奇导演的《哄堂大笑》中，奥黛丽·赫本饰演的安杰拉为摆脱追捕者而闯入的书店也是这里。”麦克尔罗伊先生说，客人一走进书店，就会为天花板上的枝形吊灯目眩神迷，这一幕让他很开心，因为“这仅仅是个开始，这里的书将继续给客人带来惊喜”。

里佐利是一家位于米兰的出版社，隶属于意大利RCS传媒集团。集团从不插手纽约书店的经营，完全交给了业务一线的麦克尔罗伊先生。

在他的筹划下，童书区得以扩充，开始举办面向儿童的活动。听说要举行可以听故事的“睡衣派对”，孩子们蜂拥而至。“为了提升形象，我们还将在这里举办摄影集出版纪念活动。”

在书店的漫长历史中，举行的最热闹的活动当属意大利男高音歌唱家鲁契亚诺·帕瓦罗蒂的签名会。“为了能看他一眼来买书的人一直排到了第五大道上。”店长颇为感慨地说。歌手东尼·班尼特就住在附近，他如今的兴趣是画画，不时会来这里和店长愉快交谈一番。里佐利书店端庄的外表下，藏着一颗追逐潮流的心。

---

* 编注：二〇一五年七月，里佐利书店迁至1133 Broadway, between 25th and 26th Street, New York, NY 10010, USA。

ANCHOR
CLOUD ATLAS
STIEG LARSSON
BARBARA KINGSOLVER
THE LACUNA
EUROPEAN FICTION
EUROPEAN FICTION
EUROPEAN FICTION
ZADIE SMITH • ON BEAUTY
ZADIE SMITH • ON BEAUTY
ON BEAUTY
HEINRICH BÖLL

Greenlight Bookstore
绿光书店

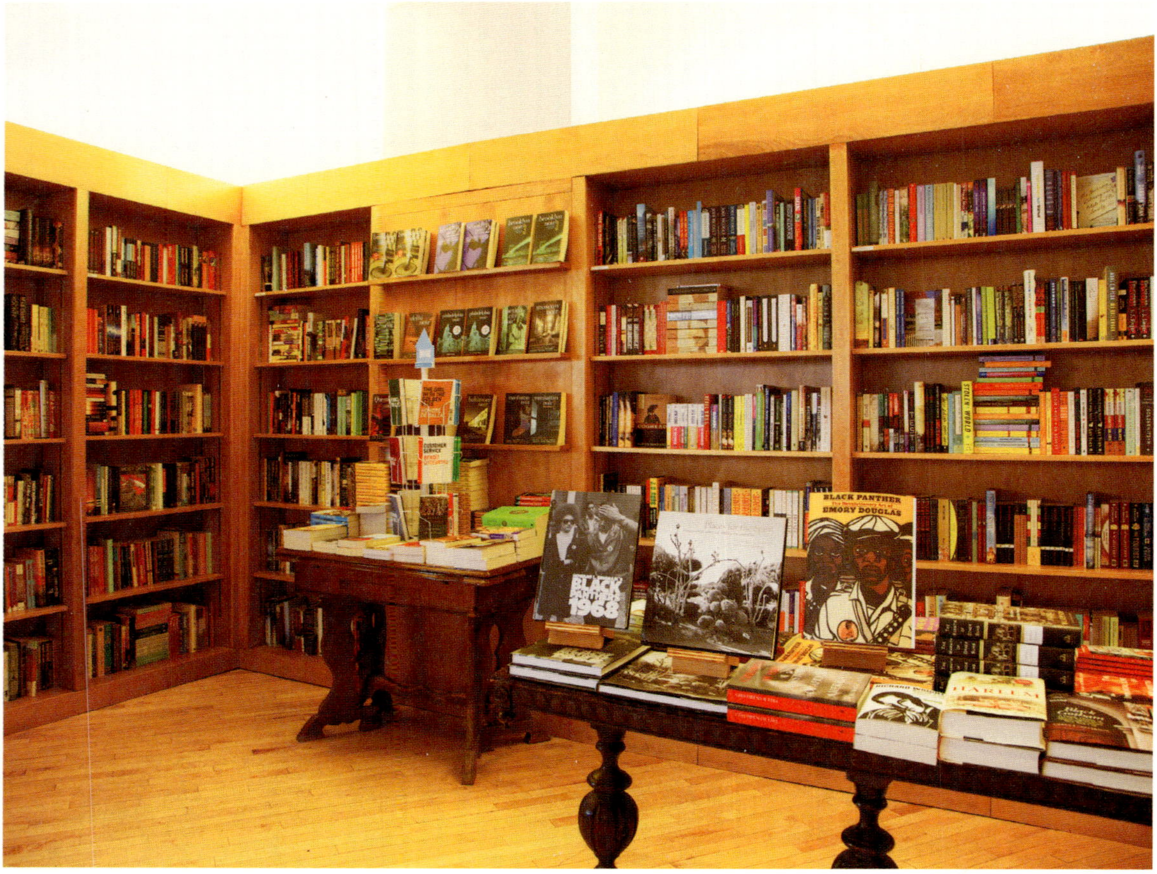

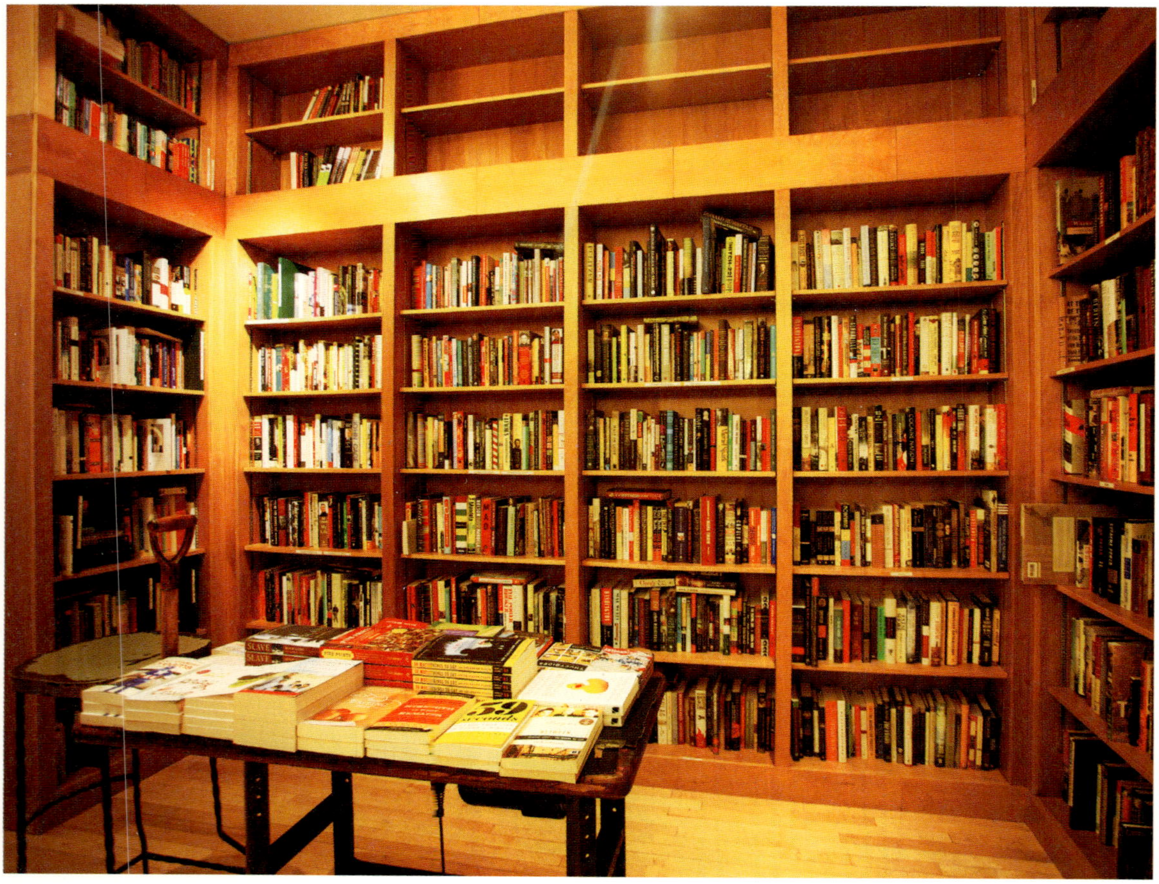

两位资深出版人的偶然相遇，促使绿光书店诞生。店内洋溢着温暖的气氛，深受当地人喜爱。

布鲁克林的格林堡和威廉斯堡地区过去是移民聚居区，以波兰移民居多。这里并无独特之处，甚至可以说有点荒凉。

但如今这里因新潮和前卫的文化而荣登观光地标，无论是游客还是纽约人都会聚集于此，享受最前沿的时尚和传说中的美食。挂着波兰语招牌的古老店铺在角落里喘息，而那些新建的、别具一格的餐厅、时装店和精品店分外夺人眼球。

格林堡不只是流行文化的聚集地，更是布鲁克林人的故乡。他们生活在这片土地，伴随文化的新陈代谢不断发展。

在这个新兴的街区，超市建起来了，自助洗衣店出现了，生活基础设施都完善了，但居民总是觉得“缺点什么”。那就是一家书店。

在格林堡，传统的移民家庭和刚搬来不久的年轻人相处融洽。绿光书店就位于这片和谐的社区里。居民不用去曼哈顿，到绿光书店就能和熟识的店员互致问候，聊聊最近什么书有趣。

当时布鲁克林的自治团体举办了一个名为“在本地区你想实现什么梦想”的征文活动，在出版社工作的杰西卡·斯托克顿·巴纽洛小姐获得了第一名，她文章的题目是：我想开书店。那时她刚好结识了图书销售代表丽贝卡·菲廷，两人志趣相投，于是齐心协力，共同实现了这一梦想。

热闹非凡的开店派对让她们在纽约出版圈中声名大噪。店名和店址都还没定，她们就举办了盛大的开店庆典，邀请重量级嘉宾出席助阵。大家十分支持她们。需要电脑就有人寄过来，店内粉刷后要贴墙纸就有志愿者来帮忙。

绿光书店开业了，随性的展陈风格和丰富的书籍，吸引了一大批资深的爱书人。裘珀·拉希莉和加里·施特恩加特等作家就住在附近，他们常到店里来放松一下。

店内既有以布鲁克林为据点的纽约小出版社的书和文艺杂志专区，也有面积不大但品种丰富的童书区。不过最吸引人的还是正对入口的“推荐文艺书”书架，上面的作品由两位店主精挑细选，连内行人看了也忍不住赞叹。

面积：186m^2/ 规模：3500 册 / 创立：2009 年
类型：文艺、非虚构、童书、文具
经营形式：综合独立书店

共同店主：丽贝卡·菲廷

在美国，为出版社奔波于各城市的书店，争取新书订单，这种职业叫“图书销售代表”。开绿光书店前，菲廷从事的就是图书销售代表。

“走遍书店，从头到尾将书架上的书翻完，这样的经历成了我的财富。”她说，“大型连锁书店和网上书店崛起后，被称为‘独立书店’的小书店生存日益艰难，这在世界各国都很普遍，因此我并不抱任何幻想。经营绿光书店后我才认识到，我虽然懂书，但对商业的残酷一无所知。折旧、毛利润，这些词我之前连听都没听过。”菲廷经营书店的辛苦可见一斑。

不过，书架陈列是她的拿手好戏。充足的阳光从临街的窗户照射进来，客人进门后第一眼看到的是书架陈列配置、平台的高度、书的分类、店员的位置……这些都经过她精心的设计。尽管店内没有椅子，客人也愿意待上很久。

“开店前夕，这条大街上的居民听说这里要开书店，纷纷过来表示愿意帮忙。粉刷和贴墙纸就有十多个志愿者。与其说我是在卖书，不如说是在回报这些人的好意。”

Rebecca Fitting

一九七四年出生。大学毕业后，在兰登书屋等大型出版社担任图书销售代表近十年，主要负责美国新英格兰地区。二〇〇八年，与杰西卡·斯托克顿·巴纽洛相遇，两人志同道合，共同开设了绿光书店。

Greenlight Bookstore
686 Fulton Street, Brooklyn, NY 11217, USA
Tel：+1 718 246 0200
http://greenlightbookstore.com
info@greenlightbookstore.com
周一至周日：10:00 – 22:00

店员：布蕾特 · 琼斯

这里是走在潮流前线的街区，有很多移民，因此店员们的打扮都极富个性。琼斯女士的着装充满异国风情，她的家族从祖父辈移居格林堡。父母是移民，子女学会了英语，以便一家人同社区沟通、获取信息。她小时候每天读新闻给母亲听。“某个国家发生了什么事，与那个国家有关的人可能就住在附近，这说的就是纽约，我们不能当这些事与自己无关。店里的客人来自五湖四海，在这里工作让我切身感受到世界的广阔。”

琼斯为准备大学升学考试而在店里打工。“书读得越多，就越想知道作者说的话是不是真的。当自己不明白某个问题的时候，也想看看这方面的专家在书里是怎么说的。对于抱有强烈求知欲的人，书店店员是再合适不过的工作了。”

笔者采访时恰逢“黑人历史月”，琼斯选的“当月推荐书”是两位年逾百岁的黑人女性的回忆录：*Having Our Say*。该书由讲谈社美国分社出版，这两位黑人女性被誉为美国版的“金婆婆与银婆婆”。

“这本书我很早以前就读过。两位老太太已经过世，我之所以选这本书，就是为了让更多的人读读这两位老人的故事。”

PowerHouse Arena

发电站竞技场书店

发电站竞技场书店位于历史悠久而又朝气蓬勃的布鲁克林丹波(DUMBO)区。店里的摄影集等图书都平放着展示，对空间的使用堪称奢侈。

丹波区位于布鲁克林桥和曼哈顿桥下，汽车在高架桥上往来穿梭。DUMBO就是“Down Under the Manhattan Bridge Overpass”(在曼哈顿桥的下面)的缩写。以前，这一带都是废弃的仓库，十分荒凉，很难想象这里会有人居住。后来，一批充满冒险精神的艺术家改造了仓库，在这里住了下来。

布鲁克林历史悠久。美国独立战争爆发后，这里是英美激战的战场之一。长岛战役中，乔治·华盛顿被英军追击，就撤退到了布鲁克林的河岸边。

在布鲁克林滨水公园，可以远望曼哈顿竞相攀升的摩天大楼，穿过一个街区，便到了发电站竞技场书店。书店占地广阔，就像一座美术馆。在混凝土地板上，带底轮的书架纵横排列，书架上平放着摄影集。书架带有滑轮，即使架上的书很重，也可以轻松地移动。定期更新图书、改变书架布局，能让客人每次来都感觉焕然一新。

书店由发电站出版社创办，但店内的书并不限于这家出版社的产品。无论是图书还是时尚、艺术，纽约都引领全美乃至世界的潮流，常有设计师和艺术家在这里举行派对、沙龙等活动。举办出版纪念会或签售活动时，书架上的书和书店的布局会做出相应改变，架上的图书好像也在欣赏纽约的时尚，感受纽约的魅力。

人们或许会认为，在互联网普及的今天，视频以极低的成本和最快的速度传递信息，这将导致发电站出版社的大型艺术摄影集式微。然而，与屏幕上看到的图像不同，摄影集具有真切的质感，从精妙的排版到细腻的印制，都是创作者的独特表达。

发电站出版社的办公室位于书店楼上。编辑工作时可以俯瞰书店，看着聚集在书店中的客人，就像在露天剧场的上层观赏书店这个舞台上发生的故事。

面积：465m^2/ 规模：1200 册 / 创立：2006 年

类型：摄影、艺术、建筑、设计、时尚、文具

经营形式：出版社经营的书店

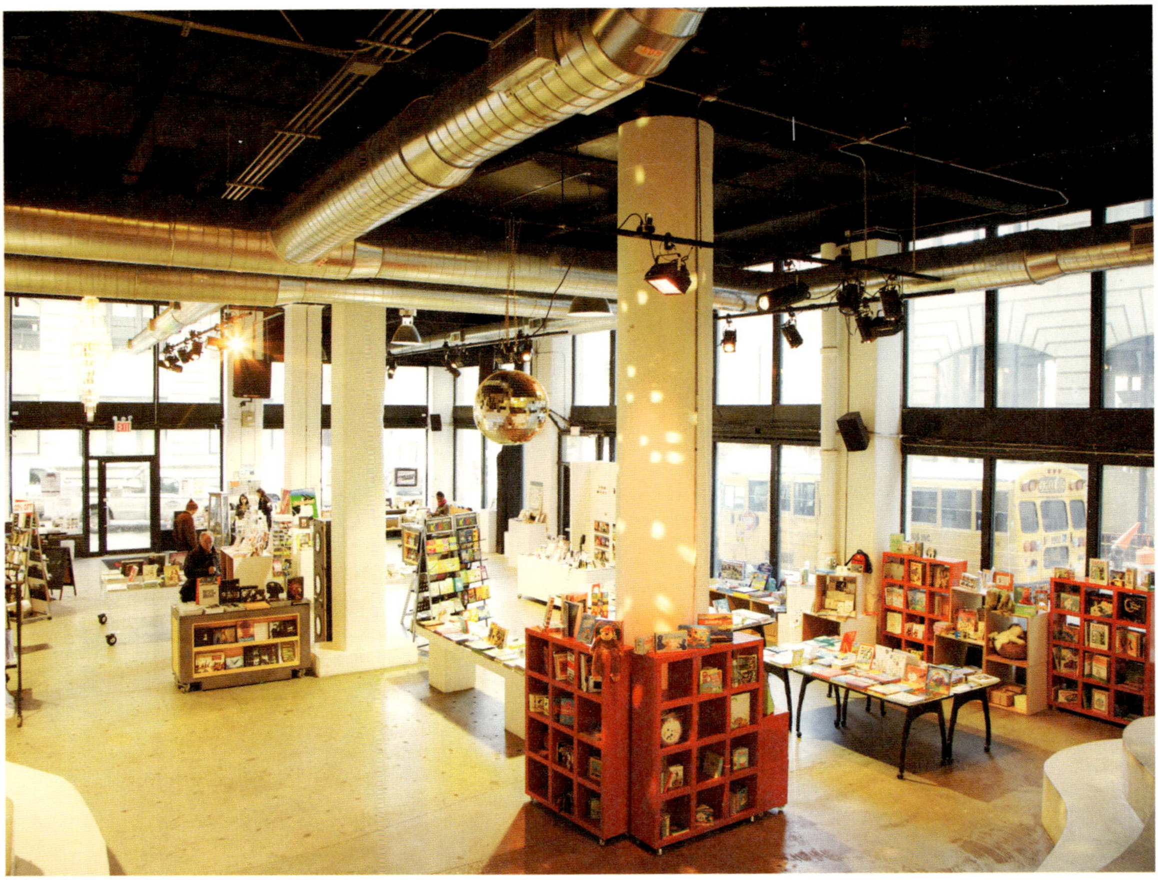

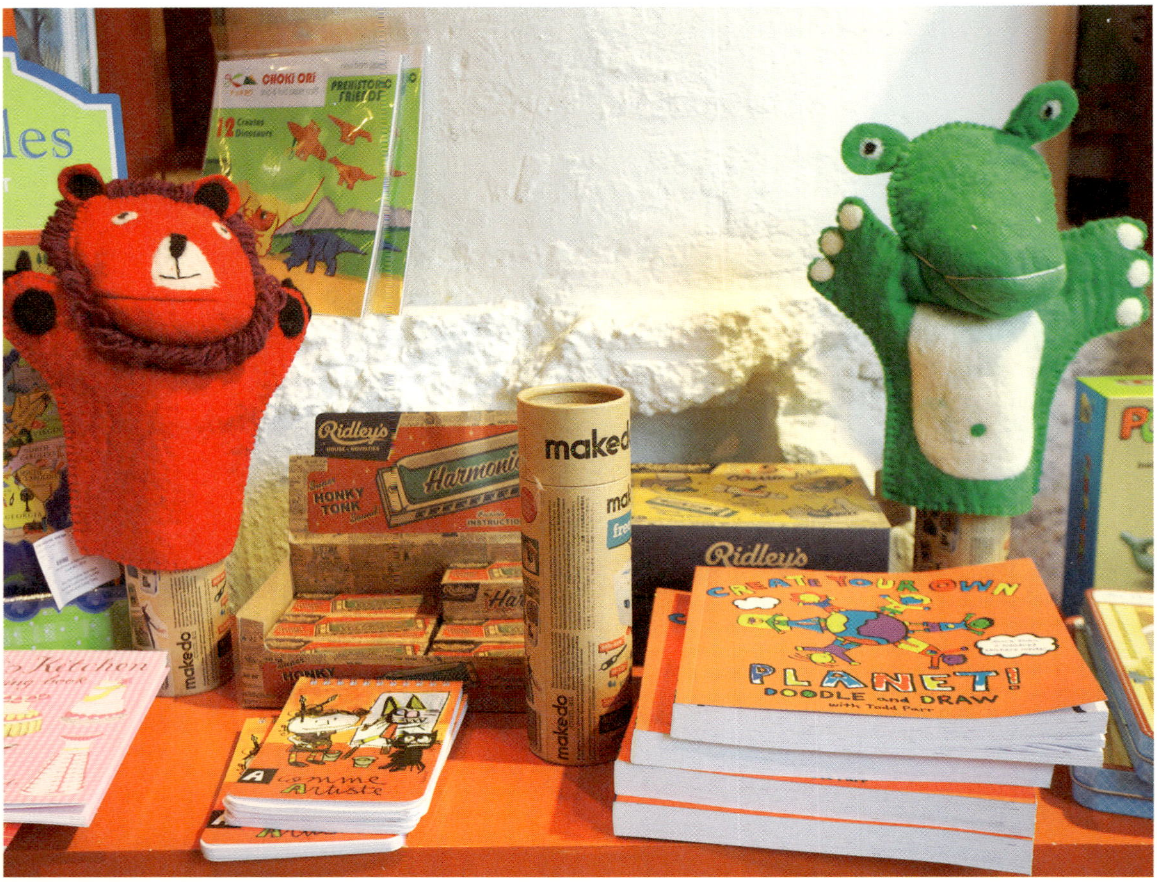
CHOKI ORI
Ridley's
HONKY TONK
makedo
Ridley's
CREATE YOUR OWN PLANET!
DOODLE and DRAW
with Todd Parr
A comme Artiste

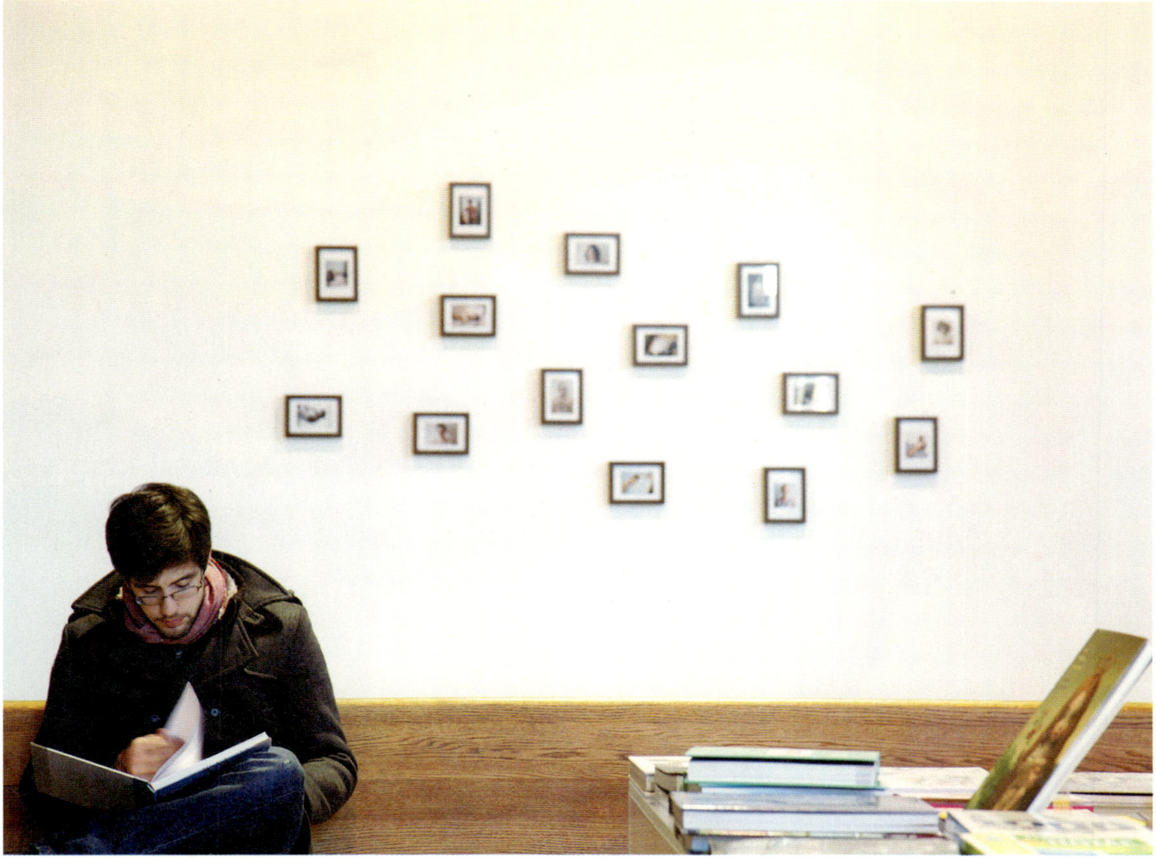

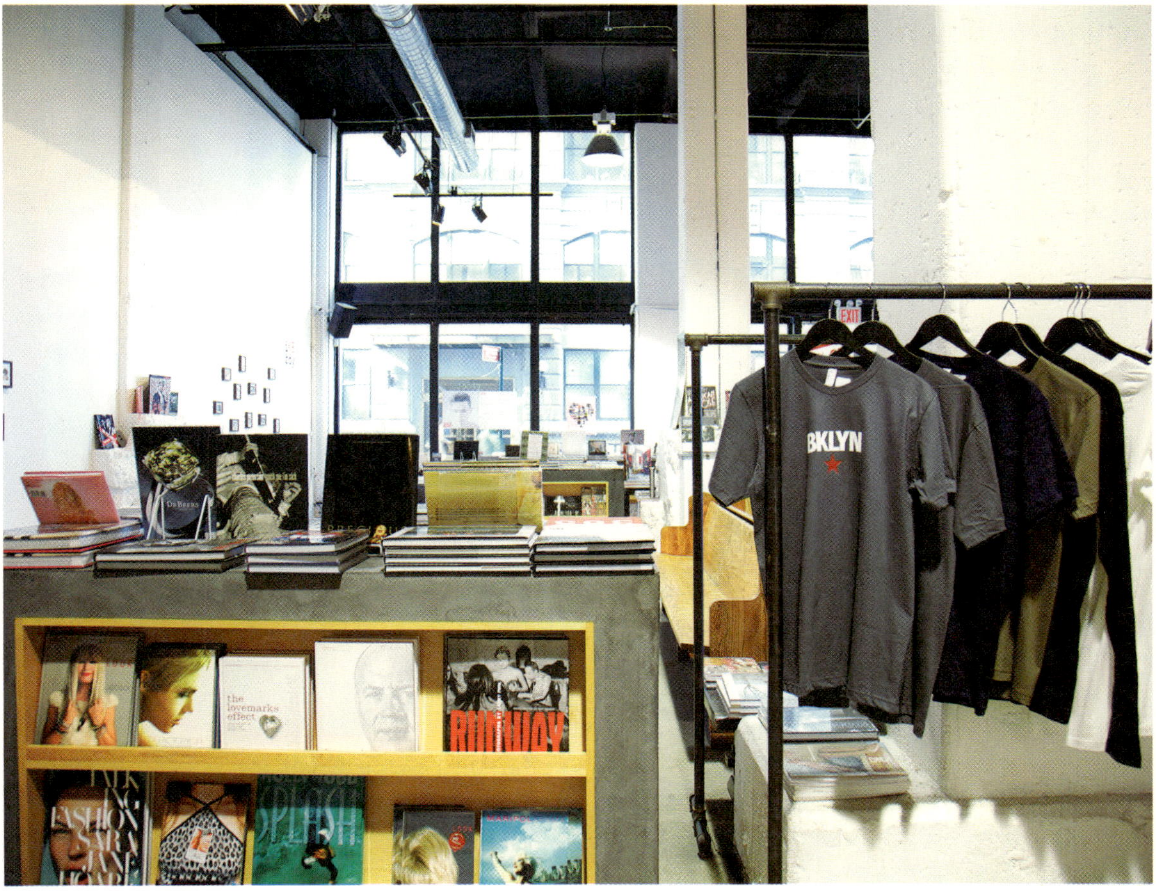
BKLYN
EXIT
DE BEERS
the lovemarks effect
SPLASH

共同店主：克雷格·科恩

科恩先生是摄影师出身。曾在法国巴黎学习摄影，回纽约后在摄影杂志《光圈》工作。他常常因找不到自己想要的摄影集而倍感失落。就在这时，丹尼尔·帕瓦先生邀请他共同创办发电站出版社。创办之初，他们在曼哈顿的小办公室里展示自己出版的摄影集，渐渐地，这里成了摄影师和艺术家的聚集地。

二〇〇六年，出版社迁至布鲁克林，并创办书店，取名为“发电站竞技场书店”。在四百六十五平方米的空间内，书架上摆放着各种摄影集，有的一册就重达数千克，装帧豪华，俨然一件艺术品。

发电站出版社因出品《纽约9 11》而广受关注，那是本记录“9·11事件”的摄影集，由玛格南图片社的摄影师拍摄。尽管这本书是由报道中的照片编汇而成，每张照片看起来都似曾相识，重新编排后仍让人不由得为摄影蕴藏的强大力量折服。无论CG和Photoshop技术如何发展，印在精美纸张上的照片总能给人强烈的震撼。

科恩先生说：“随着数字时代的飞速发展，电子书将越来越受欢迎，这一点不容置疑。我喜欢的摄影集和艺术书的首印量只有两千册，但我坚信，只要将它们陈列在书店，就会有人来买。”

Craig Cohen

一九九四年从美国塔夫茨大学毕业后，前往法国巴黎自学摄影。次年返回纽约，从事咨询工作，一九九六年受丹尼尔·帕瓦之邀，共同创建发电站出版社，此后担任总编辑。截至二〇一一年，共出版四百部摄影集。

PowerHouse Arena
28 Adams Street, Brooklyn, NY 11201, USA
Tel：+1 718 666 3049
http: //www.powerhousearena.com
orders@powerHouseArena.com
周一至周五：11:00 – 19:00/ 周六：10:00 – 19:00
周日：11:00 – 18:00

店员：苏珊娜 · 科宁

发电站竞技场书店位于一层，二层是发电站出版社的编辑部，可以俯瞰书店。有时客人会误以为二层是咖啡馆，闯进编辑部。书店的经理科宁说："和这些客人交谈十分有趣。"

关于客人的构成，科宁回答："以当地人居多。这一带过去全是仓库，其他什么都没有，如今住户多了起来，妈妈们经常推着婴儿车进来，因此我们丰富了童书的品种，还增加了许多文具。"

各界艺术家汇聚于此，丹波区的画廊和代理公司也增加了。在这里工作的人和到这里进行商务洽谈的人会来书店寻求灵感，也会购买喜欢的摄影集。午饭时分，艺术家模样的人会蜂拥而至，热闹非凡。

到了周末，纽约人就会从曼哈顿等地赶来，远离都市的喧嚣，在阳光充足、画廊般的书店中尽情翻看摄影集，一边眺望布鲁克林桥和曼哈顿的摩天高楼，一边品尝美味的午餐，享受轻松愉快的周末时光。

平常丹波区也接待着世界各地的大量游客。这里最受欢迎的游览路线是：先在河边的巴比餐厅吃饭，再来发电站竞技场书店转转，然后去几个街区外的雅克 · 托雷斯购买巧克力。

图书的品种尽量满足客人的要求，除此之外，科宁还比较关注"别处没有的特别的书和文具"。她说："如今这个时代，去网店搜索一下，点点鼠标就能买到想要的东西。大型书店的书太多，没有个性。我相信客人在这里可以发现自己想要的东西。"

图书在版编目（CIP）数据

书店时光 / 日本 X-Knowledge 出版社著 ；汪洋译
. —— 海口 ：南海出版公司，2020.3
ISBN 978-7-5442-9766-0

Ⅰ. ①书… Ⅱ. ①日… ②汪… Ⅲ. ①书店－介绍－世界 Ⅳ. ① G239.1

中国版本图书馆 CIP 数据核字（2020）第 013016 号

著作权合同登记号 图字：30-2019-156

TEXTS
Reina Shimizu:pp.2-159
Kay Ohara:pp.162-191

PHOTOGRAPHS
Stefano Candito:pp.2-31,40-45,58-63,72-107
Laetitia Benat:pp.34-39,46-57,64-69,110-159
Shino Yanagawa:pp.162-191

书店时光
日本 X-Knowledge 出版社 著
汪洋 译

出　　版　南海出版公司　（0898）65568511
　　　　　海口市海秀中路51号星华大厦五楼　邮编 570206
发　　行　新经典发行有限公司
　　　　　电话（010）68423599　邮箱 editor@readinglife.com
经　　销　新华书店

责任编辑　侯晓琼
特邀编辑　杜珈琦　薛茹月
营销编辑　史　策
装帧设计　陈慕阳
内文制作　王春雪

印　　刷　北京中科印刷有限公司
开　　本　787毫米×1092毫米　1/16
印　　张　12.5
字　　数　127千
版　　次　2020年3月第1版
印　　次　2020年10月第2次印刷
书　　号　ISBN 978-7-5442-9766-0
定　　价　88.00元